SCHWÄBISCHE ALB– DER WESTEN

Notburg Geibel

66 Lieblingsplätze
und 11 Köche
SCHWÄBISCHE ALB–
DER WESTEN
Notburg Geibel

Besuchen Sie uns im Internet:
www.gmeiner-verlag.de

© 2010 – Gmeiner-Verlag GmbH
Im Ehnried 5, 88605 Meßkirch
Telefon 07575/2095-0
info@gmeiner-verlag.de
Alle Rechte vorbehalten
1. Auflage 2011

Lektorat / Redaktion: Claudia Senghaas, Kirchardt; Sven Lang
Herstellung / Korrekturen: Claudia Reinert / René Stein
Kartendesign: Matthias Schatz
Umschlaggestaltung: U.O.R.G., Lutz Eberle, Stuttgart
unter Verwendung des Fotos ›burg im nebel 1‹ von Björn Schick / fotolia.de
Druck: AZ Druck und Datentechnik GmbH, Kempten
Printed in Germany
ISBN 978-3-8392-1155-7

KAPITEL 3: MYTHOS SCHWÄBISCHE ALB

| KAPITEL 4: ALB-DONAU-KREIS

⑪ – EINKEHR-TIPPS

Suchen Sie neue Ziele jenseits des Alltäglichen? Sind Sie bereit für's Abenteuer Urnatur? Offen für den Blick in die Urzeit und gerüstet für die Erkundung ihrer Unterwelt? Falls ja, dann sind Sie ›reif für die Alb‹. Unser Wegweiser zu 66 Lieblingsplätzen und 11 Stationen außergewöhnlicher Einkehr wird Ihnen ein handlicher und sicherer Kompass bei Ihren Entdeckungsreisen über die Südwest-Alb und die Mittlere Alb sein. Den vier Landschafts-, Kultur- und Touristik-Räumen entsprechend sind sie in vier Kapitel gegliedert. Die anvisierten Ziele sind jeweils in ›Ausflugsweite‹ voneinander entfernt. Ganz unabhängig davon, ob als Tagesausflug geplant oder in den Erholungsurlaub eingepasst, eignen sie sich gleichermaßen für Singles oder Familien. Für Alt wie Jung.

FREIRAUM FÜR INDIVIDUALISTEN

»Wenn ich hier nicht schon daheim wäre, müsste ich sofort hinfahren ...« Dieses verblüffende Eingeständnis aus Älbler-Munde macht neugierig. Und findet schnell Bestätigung. An Attraktionen fehlt's tatsächlich nicht auf der Schwäbischen Alb. Man muss sie nur erst mal entdecken und das ist gar nicht so leicht. Denn viele liegen abseits der offiziell ausgewiesenen touristischen Routen und bleiben ein ›Geheimtipp‹. Entlang der ›Schwäbischen Albstraße‹, der ›Römerstraße‹ und der ›Fachwerkstraße‹, der ›Hohenzollernstraße‹ und der ›Oberschwäbischen Barockstraße‹ reihen sich Superlative zu einer Perlenkette. Superlative, die weltweit unübertroffen sind. Der höchste Kirchturm, die schmalste Straße, die tiefste Schauhöhle, das älteste Kunstwerk ...

Schon der erste Blick auf das Relief der Landkarte Baden-Württembergs beflügelt die Fantasie. Mitten durchs Ländle von Südwest nach Nordost legt er sich quer, dieser riesige Gebirgsblock. Ein imposanter Körper aus Jurakalk, 200 Kilometer lang, der bis auf 1000 Meter über dem Meeresspiegel 40 Kilometer breit aus der Ebene herausragt. Trennt die lieblichen Neckarauen von der üppigen Barocklandschaft Oberschwabens. Wie ein riesiger prähistorischen Saurier, der sich über Millionen Jahre hinweg in ein versteinertes Bergmassiv verwandelt hat. Enge, steile Trockenschluchten und Flusstäler durchziehen das Felsenmeer. Die Flussläufe von Bära und Schmeie, Lauchert und Große Lauter, Schmiech und Blau wenden sich als Hauptschlagadern seinem südlich gelegenen

Rückgrat – der Donau – zu; Schlichem und Eyach, Starzel, Echaz und Erms nähren im Norden das Neckartal.

Ein ›schlafender Riese‹. Die poetisch verklärte Assoziation wird auch von der offiziellen Fremdenverkehrs-Statistik gestützt. Der Tourismus auf dem Mittelgebirgsrücken zwischen Neckar und Donau ist erwacht. Gezielte Förderprogramme haben ihm neues Leben eingehaucht. Seit 2002 als GeoPark ausgewiesen und in großen Teilen als weltweit einmaliges Biosphärengebiet unter UNESCO-Schirmherrschaft gestellt, ist die Alb auf dem besten Wege, sich zur Ausflugs- und Ferienregion der Premium-Kategorie zu entwickeln. Angespornt vom Credo ›Zurück zur Natur‹ offeriert die Alb individuelle Freizeitgestaltung, Erholung und Entspannung pur.

Ein echter ›Alb-Freak‹ erkennt in der Metapher vom ›schlafenden Riesen‹ die Metamorphose als wahren Kern. Die Relikte eines 200 Millionen Jahre zurückliegenden ›Jurassic-Parks‹ sind allgegenwärtig. Wo der raue ›Schönluft‹ über die Steinäcker der Flächenalb pfeift und die waldigen Hügel der Kuppenalb zerzaust, schwappte dereinst träge ein tropisches Meer. Kalkriffe umsäumten blaue Lagunen und in der üppigen Vegetation der Palmfarne und Ginkgowälder tummelten sich Urtiere wie Amphibien, Saurier, Ur-Vögel, Insekten. Im Jurakalk hat diese fantastische Welt ihren genetischen Fingerabdruck hinterlassen. Und jeder kann heute beim Blick durch das geologische Fenster des Jura mit offenen Augen etliche Millionen Jahre Erdgeschichte durchwandern.

Unsere Entdeckungsreise in Raum und Zeit beginnt mit dem ersten Kapitel im Herzstück Baden-Württembergs, dem Donaubergland (S. 16). Hier, am südwestlichen Alb-Trauf als Nahtstelle zu Baarmulde und Schwarzwald, lädt die Natur zum großartigen Schauspiel ›Donaudurchbruch‹. In und um den Naturpark Obere Donau spielen die ›Zehn Tausender‹ mehr als nur eine attraktive Nebenrolle. Die Erdgeschichte öffnet jedem Wissbegierigen den Blick in ihre einzigartige Schatztruhe und in der kleinsten privaten Sternwarte des Landes mit ihrem unglaublich leistungsfähigen Teleskop kann man die unendlichen Weiten des Weltalls bestaunen.

Auf Kaisers Spuren (S. 60) werden im Ferienland Hohenzollern ›Alb-Träume‹ wahr. Für einen Tag Prinzessin sein oder Ritter, römischer Legionär oder preußischer Landsknecht? Kein Problem. Das zweite Kapitel weist Ihnen den Weg. In der Burg Hohenzollern als einem der weltweit beliebtesten Ausflugsziele oder auf dem Schloss der Hohenzollern in Sigmaringen, im Römerkastell Hechingen-Stein oder auf Burg Hornstein an der schönen Lauchert ist für ein buntes Programm gesorgt. Und die Mittelzentren Albstadt und Balingen bieten musealen Kunstgenuss ebenso wie sportliche Höhenflüge.

Dem Mythos Schwäbische Alb in seiner landesgeschichtlichen Bedeutung spürt das dritte Kapitel (S. 106) nach. Beflügelt von großer schwäbischer Dichtung geht es hinauf auf die Mittlere Alb, um zwischen Reutlingen und Zwiefalten, Bad Urach und Münsingen der Schwabenseele hautnah den Puls zu fühlen. Der ›Württembergische Wurzelgrund‹ genießt als erstes Biosphärengebiet Baden-Württembergs ganz besondere Aufmerksamkeit und Pflege. Hier ist rund um das einst legendäre ›Schwäbisch Sibirien‹ ein Wohlfühl-Wunderland entstanden, dessen Freizeit- und Erholungswert seinesgleichen sucht.

Einstein lässt grüßen. Das westliche Drittel des Alb-Donau-Kreises (Kapitel vier, S. 148) ist gespickt mit Lehrreichem und Sehenswertem. Was darf es sein? Geologie oder Archäologie, Technik oder Kunst? Wo die Ur-Donau steinige Spuren in den Jurakarst gegraben hat und die Weite Oberschwabens sich am lang gezogenen Wellenkamm der Flächenalb bricht, wird jede Exkursion en passant auch zur Lektion. Ein Alphabet großer und kleiner Wunder eröffnet sich zwischen der Laichinger Tiefenhöhle im Norden bis zum Hohle Fels im Süden. Märchenhaft mit der ›Schönen Lau im Blautopf‹, urzeitlich mit der prallen ›Venus von Schelklingen‹. Und der ›Ulmer Spatz‹ weist dazu den Weg zum Münster.

Wie rüstet man sich aber nun ganz konkret für die Begegnung mit dem ›schlafenden Riesen‹? Der beste Guide ist Neugier. Unser Wegweiser zu ›Lieblingsplätzen‹ soll dazu anregen, den ersten Schritt zu wagen. Und Ihnen attraktive Ziele auf der Schwäbischen Alb vorschlagen. Die ›Qual der Wahl‹ bleibt Ihnen natürlich nicht erspart. Freiraum für individuelle Entdeckungen gibt es schließlich zur Genüge. Die Schwäbische Alb braucht mit ihren Reizen nicht zu geizen.

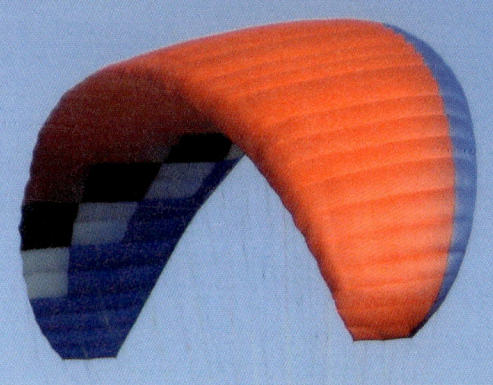

Horb am Neckar

Tübingen → S. 119

Metzingen → S. 123

Reutlingen → S. 121

Rottenburg am Neckar

St. Johann
Gächinger Kantorei → S. 1.

Lichtenstein → S. 115

Mössingen → S. 117

Sonnenbühl → S. 109
Romantik Hotel Hirsch → S. 11

Gastschloss Haigerloch → S. 95

Hechingen
Villa Rustica → S. 99

Melchingen
Theater Lindenhof → S. 10

Trochtelfingen
Albgold Kräutergarter

Rosenfeld → S. 57

Bisingen
Burg Hohenzollern → S. 97

Burladingen

Balingen → S. 91, 93

Gammertingen → S. 103

Dotternhausen → S. 55

Albstadt [1] → ab S. 81

Hettingen → S. 7

Schömberg → S. 53
(Oberes Schlichemtal)

Schmiecha und
Schmeie → S. 79

Meßstetten → S. 89

Veringenstadt → S

Bingen
Ruine Hornstein → S. 6

Donauberglandweg → S. 29

Spaichingen → S. 31

Sigmaringen → S. 65

C

Inzigkofen → S. 63

Scheer
Brunnenstube

D

F

A

Leibertingen → S. 51

E

Fridingen → S. 41
Gasthaus Jägerhaus → S. 45

B

Meßkirch

Tuttlingen → S. 25

Neuhausen ob Eck
Freilichtmuseum → S. 43

Immendingen → S. 27

Pfullendorf

Stockach

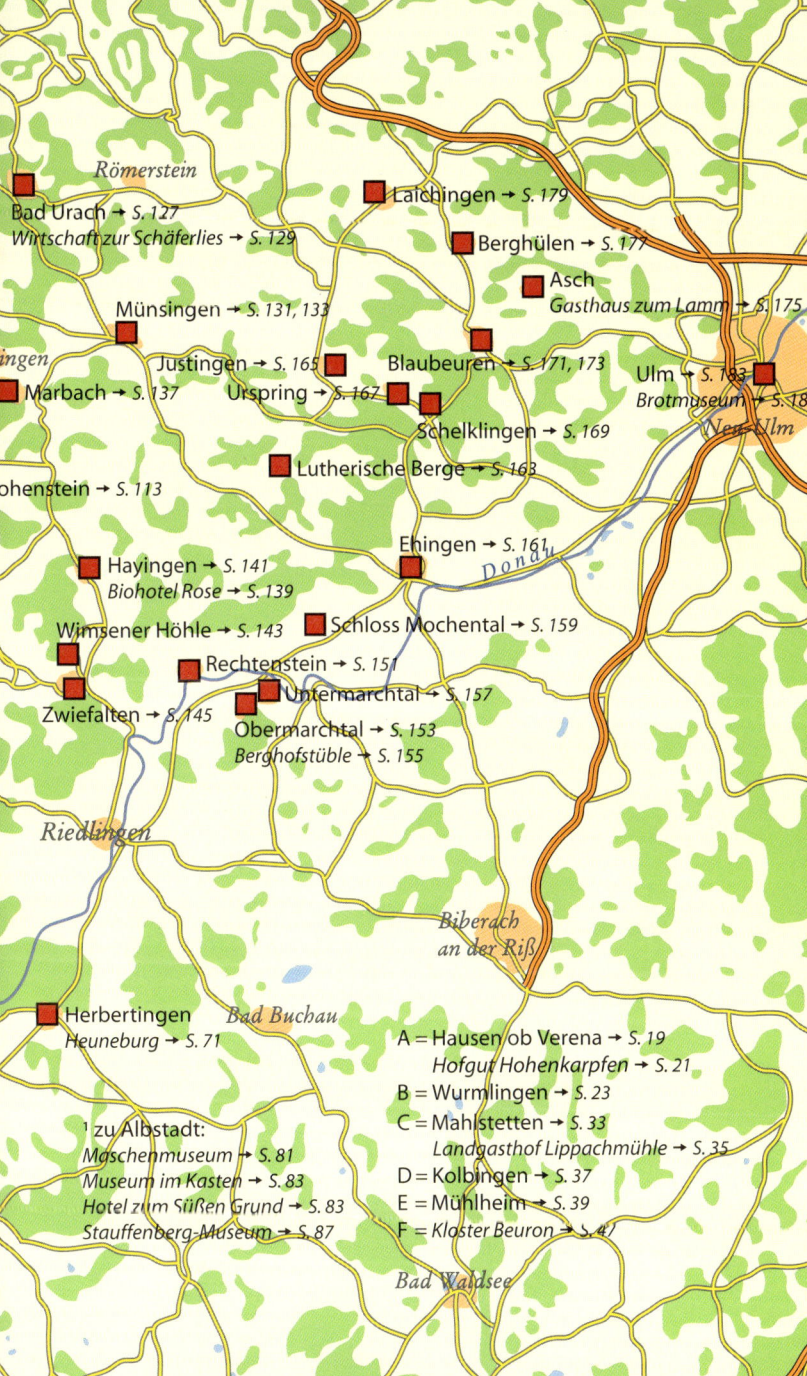

Römerstein

Bad Urach → *S. 127*
Wirtschaft zur Schäferlies → S. 129

Laichingen → *S. 179*

Berghülen → *S. 177*

Asch
Gasthaus zum Lamm → S. 175

Münsingen → *S. 131, 133*

ingen

Justingen → *S. 165*

Blaubeuren → *S. 171, 173*

Ulm → *S. 183*
Brotmuseum → S. 181

Marbach → *S. 137*

Ursprung → *S. 167*

Schelklingen → *S. 169*

Neu-Ulm

ohenstein → S. 113

Lutherische Berge → *S. 163*

Ehingen → *S. 161*

Donau

Hayingen → *S. 141*
Biohotel Rose → S. 139

Wimsener Höhle → *S. 143*

Schloss Mochental → *S. 159*

Rechtenstein → *S. 151*

Zwiefalten → *S. 145*

Untermarchtal → *S. 157*

Obermarchtal → *S. 153*
Berghofstüble → S. 155

Riedlingen

*Biberach
an der Riß*

Herbertingen
Heuneburg → S. 71

Bad Buchau

A = Hausen ob Verena → *S. 19*
    Hofgut Hohenkarpfen → S. 21
B = Wurmlingen → *S. 23*
C = Mahlstetten → *S. 33*
    Landgasthof Lippachmühle → S. 35
D = Kolbingen → *S. 37*
E = Mühlheim → *S. 39*
F = Kloster Beuron → *S. 41*

[1] zu Albstadt:
Maschenmuseum → S. 81
Museum im Kasten → S. 83
Hotel zum Süßen Grund → S. 83
Stauffenberg-Museum → S. 87

Bad Waldsee

Schaulust verspricht die Touristikgemeinschaft Donaubergland. Ein Falt-Flyer im Streichholzformat bringt das Wesentliche auf den Punkt. Himmelblau über grünem Felsental.
Exakt 89 Anlaufpunkte, die Erholungsbedürftige ebenso wie
Erlebnishungrige in den äußersten Südwesten der Alb locken
müssen. Überrascht entfaltet der Betrachter die Visitenkarte
zur Landkarte im Din-A4-Format. Und schon haben deren
clevere ›Macher‹ das anvisierte Ziel erreicht: die Neugier auf
einen ganz besonderen Landschafts-, Natur- und Kulturraum
ist geweckt.

AUF DEM DACH DER ALB

›Donaubergland‹. Der Begriff ist selbsterklärend. Er steht für die Touris-
tik- und Marketinggesellschaft des Landkreises Tuttlingen und gleichermaßen den von ihr präsentierten Landschaftsraum am Südwestrand des
schwäbischen Jura. Das kontrastreiche Profil dieser Region wird von der
jungen Donau ebenso markant geprägt wie von den höchsten Alb-Gip-
feln. Die sprichwörtlichen ›Zehn Tausender‹ überragen eine waldreiche
Hochfläche mit tiefen Tal-Einschnitten, die sich pultartig nach Süden der
Donau zu senkt. Hier hat Europas Schicksalsstrom im Sturm und Drang
seiner Jugendjahre mit dem deutschen Grand Canyon eines der schönsten Durchbruchstäler durch den Jurakalk gegraben. Eine Landschaft geschaffen, die an Dramatik und Romantik nicht zu überbieten ist.

Wo Superlative prägendes Element sind, fällt es nicht allzu schwer, die
Sparte Tourismus als zugkräftigen Wirtschaftszweig zu etablieren. Sollte
man meinen. Doch die Pioniere eines organisierten Fremdenverkehrs, die
heute so ideenreich und tatkräftig dabei sind, diesen wahren Überfluss
an landschaftlicher Attraktivität aus der Ecke ›Geheimtipp‹ zu holen und
als breitenwirksames Naherholungspaket anzubieten, haben sich schwer
getan. Mit einem ›Fremdenverkehr nach Schweizer Vorbild‹ hat ein ›Baa-
remer‹ oder ein ›Heuberger‹ nicht viel am Hut; auch und gerade, weil er
mit eigenem Fleiß und Schweiß seinen Landkreis zum industriestärksten
des ganzen Bundeslandes gemacht hat. Dass im September 2004 das ›Donaubergland‹ als erste gemeinsame Tourismusorganisation mit damals 74
Gesellschaftern aus der Taufe gehoben wurde, war mehr als eine Inno-
vation.

Heute zählt die Donaubergland Marketing und Tourismus GmbH bereits
121 Mitglieder. Im Kreis der 35 Kommunen des Landkreises Tuttlingen
fühlen sich sogar sieben Nachbargemeinden aus dem Kreis Sigmaringen
wohl und unter den privaten Betrieben findet sich so manch gute Adresse
wie das Kloster Beuron. Interessiert an den ›weichen Standortfaktoren‹
des Wirtschaftsraumes hilft auch die Industrie tatkräftig mit. Die Raumschaft Tuttlingen ist bekanntlich eine Hochburg der Medizintechnik und
des Maschinenbaus. Wohl wissend, dass die professionelle Vermarktung
der touristischen Freizeitangebote den Naherholungsraum Donau-Heu-
berg stärkt und damit den notwendigen Nachschub an qualifizierten
Arbeitskräften sichert.

Heuberg und Donautal belohnen mit einer Vielzahl großartiger Erleb-
nisse. Die ›Frischzellenkur‹ für Geist, Körper und Seele kann man auf
vielfältige Weise absolvieren. Fahrend oder radelnd, kletternd oder pad-
delnd, reitend oder fliegend. Normalerweise freilich wandernd. Denn auf
den Höhen wie in den Tälern führt jeder Schritt zu neuen Entdeckungen.
Jeder Augenblick verspricht eine Augenweide. Wandern wird hier zur
Wallfahrt.

Ohne Schweiß kein Preis. Wo das Abenteuer Natur so viele und abwechslungsreiche Möglichkeiten bietet, ist mit der Neugier auf Neues immer
auch die Anstrengung verbunden. Erst die gastliche Herberge am Ende
einer Tagesetappe macht die Ausweisung eines Qualitätsweges möglich.
Zur Wanderung gehört nun mal die Einkehr. Auch in diesem Punkt hat
die Gemeinde- und Kreisgrenzen übergreifende Kooperation Pionier-
dienste geleistet. Der Weitwanderer, Gipfelstürmer oder Sonntagsaus-
flügler kann seine jeweils individuelle ›Etappe nach Maß‹ mit der ›Einkehr nach Wunsch‹ krönen. Die Bandbreite des Angebotes reicht vom
Heulager im Bauernhof bis zur Wellness im Sterne-Hotel. Und ebenso
bunt gefächert sind die kulinarischen Kategorien.

Lust zum Schauen bekommen? Unser ›Hohes Lied‹ aufs Donaubergland
umfasst auf den folgenden 40 Seiten 20 Strophen. Qual der Wahl so gut
wie ausgeschlossen. Wir halten sie alle für ein ›Muss‹. Für attraktive Ziele,
die dazu anregen, die Visitenkarte des Donauberglandes ›abzuarbeiten‹.
1.350 Quadratkilometer herrlichster Natur im Herzstück des Naturparks
Obere Donau warten darauf.

RATHAUS HAUSEN O.V. /// HAUPTSTRASSE 34 /// 78595 HAUSEN OB VERENA ///
0 74 24/9 40 00 80 /// WWW.HAUSEN-OB-VERENA.DE ///

Herausragend – den Hohenkarpfen vor Augen weiß man, was das Wort bedeutet. Einer Pyramide gleich erhebt sich der Zeugenberg des schwäbischen Jura vor der ›blauen Mauer‹ aus dem Ackerland. Ein Höhepunkt im wahrsten Sinne des Wortes: geologisch, geografisch, geschichtlich, gesellschaftlich.

HÖHENFLÜGE AUF DEM HOHENKARPFEN

Man staunt über das natürliche Ebenmaß. Über das Spiel gewachsener Konturen mit den künstlerischen Objekten, die rund um ihn gruppiert sind. Und versteht seine Magnetwirkung. Einst Sitz eines Herrengeschlechtes ist er jetzt ›Olymp der hehren Künste‹. Als Hort abenteuerlicher Legenden setzt er heute als Hofgut gastronomische Akzente. Wie war das noch in grauer Vorzeit? Das ›Sagenkränzlein‹ kündet vom Schatzgräber, der zwar das Gesuchte findet, aber vor dem garstigen Höllenhund gleich wieder alles verliert und Reißaus nimmt. Eine Analogie zur Gegenwart? In übertragenem Sinne und mit positivem Resultat.

DAS SÄNGERGRAB. In Seitingen-Oberflacht befindet sich einer der bedeutendsten europäischen Ausgrabungsorte für Funde aus der Alemannenzeit.
www.seitingen-oberflacht.de

Tipp

Den findigen und fündigen Hüter eines Schatzes gibt's wirklich. Er heißt Professor Friedemann Maurer und ist Vorsitzender der Kunststiftung Hohenkarpfen. Letztere hat er vor 30 Jahren aus der Taufe gehoben und alle privaten und behördlichen Kunstfreunde rundum als Taufpaten geworben. Was so – quasi aus dem Nichts – entstanden ist und auf dem Hohenkarpfen Sitz genommen hat, sucht seinesgleichen. Ganz so, wie der herrschaftliche Kegel über der Landschaft residiert, ist die Stiftung zu einem Gipfel des Kunstschaffens im Südwesten der Republik geworden.

DIESER ›KLEINE OLYMP‹ IST NICHT NUR AUS GEOLOGISCHER SICHT EIN ZEUGENBERG.

Gestützt auf 700 Mitglieder in einem Einzugsgebiet vom Neckar bis zum Bodensee, vom Schwarzwald bis zur Zollernalb. Thematische Jahresausstellungen, bemerkenswerte Vorträge, anziehende Kulturveranstaltungen. Die Höhenflüge im künstlerischen sind das achtbare Pendant zum gastronomischen Segment. Ab und an gesellen sich die sportlichen noch dazu, wenn die Hobbypiloten ihre Modellflieger mit den Greifvögeln um die Wette kreisen lassen und die Wanderer den Skulpturenpark der Moderne umrunden.

Das Wappen vereint über Schildkappe und Krone die württembergische Hirschstange mit drei Karpfen. Was auf edel gedeckter Tafel als Hauptgang kredenzt wird, wird dem repräsentativen Signum des Hofgutes gerecht. Denn da wetteifert im stilvollen ›Menue für Zwei‹ schon mal das exzellente Rehfilet an Kastanienpüree mit dem Seeteufelmedaillon an Räucherlachsmousse.

DIE QUADRATUR DER SINNENFREUDE

Die Schmankerl der regionalen Küche mit Köstlichkeiten der Nouvelle Cuisine spannend zu kreieren, um sowohl den bodenständigen als auch den verwöhnten Gaumen zu kitzeln, macht Heinz Gackenheimer richtig Spaß. Von einfallslosem Immerwieder noch so gelungener Rezeptkombinationen hält der Küchenchef aus Trossingen nichts. Allein der kunstvoll drapierte Augenschmaus weist den bekennenden Witzigmann-Verehrer als Kenner und Könner ästhetischer Genüsse aus. Dass diese den Geschmacksnerven dann auch gönnen, was sie dem Auge versprechen, versteht sich. Nicht von ungefähr trifft man sich im Hofgut Hohenkarpfen zum Souper, wenn es etwas zu feiern gibt. Im Team mit drei Köchen und zwei Auszubildenden – Besitzerin Susanne Ritzi-Mathé spricht mit scherzhaftem Unterton von ›meiner Kochbrigade‹ – sichert Gackenheimers mehrfach ausgezeichnete Küche seit acht Jahren den Erfolg eines herausragenden Restaurant- und Hotel- und Tagungsbetriebes. Der Gast honoriert die Ausgewogenheit fantasievoller und zugleich traditionsbasierter Kochkunst mit dankbarer Treue. Hier oben auf diesem der Alb vorgelagerten Kegelberg, einem Platz der Geschichte und der Geschichten, fühlen sich alle Sinne wohltuend angesprochen. Die herrliche Aussicht, die liebliche Landschaft, die artenreiche Natur, die in den Ausstellungsräumen der Stiftung und in den Außenbereichen gepflegte Kunst und der kultivierte kulinarische Genuss verschmelzen zu einem einzigen harmonischen Gesamterlebnis. Und die Kraftbrühe mit grünen Äpfeln, die ›Seitinger Forelle‹, das Mousse von der Ziegenmilch aus dem Bio-Bauernhof und später der Blech-Apfelkuchen von der Streuobstwiese schmecken noch besser, wenn man deren Herkunft in Sichtweite weiß.

> **Tipp**
>
> **BANKETT? TAGUNG?** Dinner-Krimis? Kunst-Symposium? Oder eine ›Fotosafari‹ in Namibia? Das mehrfach ausgezeichnete Hotel Hofgut Hohenkarpfen bietet Anspruchsvolles in vielfacher Variation.

GENUSS FÜR GAUMEN UND AUGE UND EIN TRAUMHAFTER AUSBLICK VON DER TERRASSE

HIRSCH-BRAUEREI HONER /// FRIEDRICHSTRASSE 34 /// 78573 WURMLINGEN ///
0 74 61 / 94 20 /// WWW.HIRSCHBRAUEREI.DE ///

Geselligkeit ist Trumpf in der Wurmlinger Braumeile. In der ›Hirsch-Bierwelt‹, dem Stammhaus einer der ältesten Privatbrauereien im Ländle, kann man in vollen Zügen auskosten, was als urdeutsche Besonderheit gilt, den ›Glückszustand Gemütlichkeit‹.

IN DER ›GOLDENEN HEIMAT DES BIERES‹

Mit einem jährlichen Ausstoß von 80 000 Hektolitern gehört das seit 1782 in nunmehr sechster Generation erfolgreich bewirtschaftete Familienunternehmen zu den 15 bedeutendsten Brauereien in Baden-Württemberg. Wie konnte dem Mittelständler aus einem Dörfchen am Rande der Südwestalb das schier Unmögliche gelingen, sich im Überlebenskampf an der nationalen Bierfront gegen die Marktmacht der Weltkonzerne zu behaupten? Rund um die kupferglänzenden Braukessel wird die Frage schlüssig und touristisch wirksam beantwortet. Klein aber fein ist das Brauerei-Museum, großzügig ausgestattet der Brauerei-Gasthof, biertechnisch on top die Produktion. Brauerei-Chef Rainer Honer weiß, was zählt: »Braukunst und menschliches Miteinander wollen gleichermaßen gepflegt werden«. In der Hirsch-Bierwelt darf sogar jeder sein eigener Bierbrauer sein – und ein ganz spezielles ›Gold der Heimat‹ kreieren. Die Expedition ins spannende Reich der Bierwelt führt nicht nur durch museumsdidaktisch ansprechend aufbereitete Bier-Geschichte sondern auf Wunsch sogar in die Kreativ-Brauerei. ›Hopfen und Malz – Gott erhalt's!‹ In der ›goldenen Heimat des Bieres‹ zu Wurmlingen hat man das Ausrufezeichen wörtlich genommen. Und warum Rainer Honer gemeinsam mit ›Schätzchen‹ Uschi Glas der Bayrische Bierorden für Verdienste um die deutsche Braukunst überreicht wurde, das weiß man schon nach einem kurzen Ausflug in die Hirsch-Bierwelt ganz genau.

EIN ›REGIONALER DAVID‹ BEHAUPTET SICH MIT IDEEN IM HARTEN WETTBEWERB.

Tipp

WELLNESS UND BIER: Nach der Reise durch die Hirsch-Bierwelt mit Museumsbesichtigung bei Wellness-Anwendungen mit Extrakten aus dem Brauprozess die Seele baumeln zu lassen, gehört zum ›Verwöhn-Angebot‹ des Vier-Sterne-Hotels ›Traube‹ in Wurmlingen.
Infos unter www.hoteltraube.de

Alljährlich im April hebt die ›Tuttlinger Krähe‹ zum kabarettistischen Höhenflug ab. Wenig später beim ›Honberg-Sommer‹ im Juli rockt der Berg. In dieser Zeit wird die Hochburg der Medizintechnik an der jungen Donau zu einer Insel der Lebenslust. Junge und Junggebliebene folgen dem Ruf des Außergewöhnlichen.

KRÄHENFLUG UND HONBERG-ROCK

Deutschlands Spitzen-Comedians und namhafte Kleinkünstler preisen einen der begehrtesten deutschen Kleinkunstpreise als ›eine der lustvollsten Verführungen‹ und einen der buntesten unter den bunten Vögeln. Mittlerweile im respektablen Vogel-Alter von jubiläumsreifen zehn Jahren, war der Höhenflug der ›Tuttlinger Krähe‹ zwar kein Selbstläufer, aber die harten Zeiten der Anfangsjahre, als Genre-Größen wie Mario Barth, Horst Evers, Malediva, Martina Brandl oder Bodo Wartke sich noch mit einem ›kleinen Haus‹ begnügen mussten, hat sie zweifellos überflogen. Experimentierfreude und älblerische Hartnäckigkeit haben die Krähe zu einem putzmunteren bunten Vogel heranwachsen lassen, der seinen Erfindern alle Freude macht. Wer wollte aber auch die Alltagsnorm nicht gerne mal hinter sich lassen?! Das Krähen-Publikum weiß längst die Heilkraft des Humors als wirksame, wenn auch unkonventionelle Medizin zu schätzen. Und das Veranstalterteam der Tuttlinger Hallen freut sich über nachhaltige Synergieeffekte: Zuspruch des Publikums, Engagement der Sponsoren und Künstlerinteresse machten aus der ›Tuttlinger Krähe‹ das ›Tuttlinger Wunder‹, nämlich einen bundesweit, ja international umworbenen Wettbewerb im schillernden Genre der Kleinkunst, der als einer der höchstdotierten Kleinkunstpreise bundesweit ganz vorne mitspielt und im Rang seiner Beliebtheit mit den Kleinkunst-Hochburgen Berlin, Köln und Hamburg mithalten kann. Ein ähnlich erfolgreiches Gen der Lebensfreude verschafft dem Tuttlinger Kulturleben schon seit 15 Jahren das allsommerliche Honberg-Zeltfestival.

> **Tipp**
>
> **EMPFEHLENSWERTE LOKALITÄTEN.** Innerhalb von nur 250 Metern Luftlinie findet man hier das Restaurant ›Intermezzo‹ in der Stadthalle mit seiner Donau-Sommer-Lounge, Spitzenküche in der ›Rôtisserie und Vinothek Gartner‹ im Wöhrden und den Irish Pub, 2009 zum besten Irish Pub Deutschlands gewählt.

> **BEIM HONBERG-SOMMER-FESTIVAL GASTIERT DAS WHO IS WHO DER BÜHNENKULTUR ÜBER DEN DÄCHERN VON TUTTLINGEN.**

Unvorstellbar und auch ein bisschen unheimlich. Von wegen ›An der schönen blauen Donau‹. Gierig blubbernd schluckt der schwarze Morast den letzten Rest aus schmuddeligen Wasserlachen im ausgetrockneten Flussbett. Hier ist – an nahezu 200 Tagen im Jahr – Ebbe.

KAMPF DER FLÜSSE

Im Immendinger Brühl und – etwas weniger spektakulär – im Durchbruchstal bei Fridingen sieht die junge Donau ziemlich alt aus. Und man fragt sich, wie lange das wohl noch gut geht. Die Versicherung des Experten, dass geologische Vorgänge ganz andere Zeithorizonte haben als so ein kurzlebiges Menschendasein, kann die Teilnehmer der Wandergruppe nicht so recht beruhigen. Die Urgewalten, mit denen sich die beiden großen europäischen Ströme Rhein und Donau hier ihr Lebensrecht streitig machen, und denen der Mensch ziemlich hilflos ausgeliefert ist, setzen im Untergrund der Südwestalb zwischen Witthoh und Höwenegg deutliche Akzente. In

IMMENDINGER HEIMATMUSEUM. Der Wanderung im trockenen Donaubett den Spaziergang durch die Klimageschichte anzuschließen, ist von besonderem Reiz. Die versteinerten Zeugen subtropischer Albvergangenheit unweit des Höwenegg-Kratersees sind hier zu bestaunen.

Tipp

Immendingen spricht man von Versinkung, in Möhringen und Fridingen nennt man es etwas smarter ›Versickerung‹. Welch ein Abenteuer. Erdgeschichte auf so ungewöhnliche Weise live zu beobachten, ist spektakulär. Ganz unbenommen dabei, ob man als Donau-Verehrer an Wunder glaubt oder doch lieber für ›Vater Rhein‹ Partei ergreift. Nur zwölf Kilometer

›STEINZEIT‹ IN DER DONAU. EIN SPANNENDES KAPITEL ERDGESCHICHTE.

weiter südlich am Aachquelltopf ist zu erkennen, wer in diesem Machtkampf ums Wasser ganz eindeutig auf dem Vormarsch ist. Der Jurakarst ist tückisch: Immer mehr Kalkstein löst sich in immer größeren Hohlräumen zu Sinter auf und irgendwann, es sollen freilich noch Jahrmillionen ins Land gehen, wird wohl der südliche Albtrauf in sich zusammenfallen. So unmittelbar in der Nähe der fossilen Fundstätte am Hegau-Vulkan Höwenegg, an dessen Fuße vor Jahrmillionen noch Antilopen, Rüsseltiere, Säbelzahntiger und Urpferde lebten, kann man sich den dramatischen Wandel unserer Landschaft durchaus vorstellen.

›Wanderbares Deutschland!‹ Auf dem Donauberglandweg ist der werbewirksame Slogan selbsterklärend. Vier Tages-Etappen führen den Wanderer hinauf von den höchsten Kuppen der Schwäbischen Alb im Norden bis hinunter zum tiefsten Talgrund des Donaudurchbruchs im Süden. Ausblick, Weitblick, Überblick, wohin man auch schaut: Ziele, von denen jedes einzelne das Prädikat ›Wunderbar‹ verdient.

WUNDER ÜBER WUNDER AM WEGESRAND

Der Donauberglandweg zwischen Gosheim und Beuron ist der erste Wanderweg in Baden-Württemberg, der mit dem Logo ›Wanderbares Deutschland‹ zertifiziert wurde. Im Auf und Ab seiner 52 Wanderkilometer – die einzelnen Tagesstrecken belaufen sich auf 13 bis 18 Kilometer – erschließt sich Vielzahl und Vielfalt von Wundern am Wegesrand: Burgruinen und Sanktuarien, Quellbäche und Felswände, seltene Orchideen und prächtige Schmetterlinge, stille Wälder und üppige Wiesen, steinige Äcker und sonnige Flussufer. Den ganz neuen Interessen einer wachsenden ›Wanderbewegung‹ Rechnung tragend wurden die faszinierenden Eindrücke gebündelt und aus touristischem Blickwinkel in bedarfsorientierte Angebotspakete geschnürt. Ausgangspunkt und Zielrichtung gaben die klare Marschrichtung in gleich dreifachem Sinne vor: Das Erlebnis Natur verspricht Entspannung und Herausforderung zugleich. Die Neugier auf das Abenteuer Heimat lockt. Wachsendes Gesundheitsbewusstsein fördert quer durch alle Generationen die Lust auf Bewegung in frischer, guter Luft. »Der Urlauber sucht sichere, gangbare Wege zu reizvollen Zielen. Wir bieten sie ihm«, verspricht der Leiter der Donaubergland Marketing und Tourismus GmbH und kann nach fünf Erfolgsjahren eine Verdoppelung touristischer Übernachtungszahlen in der Region vorweisen. Der vor zwei Jahren aus der Taufe gehobene Donauberglandweg hat einen gewichtigen Anteil am Erfolg eines Tourismus-Konzeptes, dessen Hauptaugenmerk auf Individualität und Qualität ausgerichtet ist.

DEM BÄREN AUF DER SPUR. Eine von vier ausgewiesenen Extra-Touren führt auch auf die Höhe über das Dörfchen Bärenthal nach Gnadenweiler. Durchs Felsenparadies geht es zur neuen Wallfahrtskapelle ›Maria Mutter Europas‹. Absolut sehenswert.

Tipp

›WANDERBAR IST WUNDERBAR‹ FREUT SICH DIE GASTRONOMIE.

RATHAUS SPAICHINGEN /// MARKTPLATZ 19 /// 78549 SPAICHINGEN ///
0 74 24 / 95 71-0 /// WWW.SPAICHINGEN.DE ///

Es geht himmelwärts. Gute 300 Meter Höhenunterschied sind mehr oder weniger kurzatmig zu bewältigen. Es ist ein echter Kreuzweg, der – Station für Station der Passionsgeschichte – aus Spaichingen hinauf auf den Dreifaltigkeitsberg führt.

EINKEHR AUF ›DEM BERG‹

›Auf den Berg‹ zieht es nicht nur die waschechten Spaichinger. Ob Wallfahrt oder Wanderung, das Ziel Dreifaltigkeitsberg belohnt die Anstrengung mit einem überwältigenden Ausblick. Wie der Bug eines Schiffes ragt der Westrand der Alb an dieser Stelle über das Tal der Prim. Wenn der Föhn oder ein klarer Nordost den Blick weiten, dann prägt sich das liebliche Panorama bis hinüber zu den Schweizer Alpen und dem Schwarzwald in Netzhaut und Seele. Die Betriebsamkeit im 12.500-Einwohner-Städtchen ist

Tipp

DAS TAGUNGSHAUS der Claretiner ist ganzjährig geöffnet. Die Krippenausstellung, das zum Meditationsraum gestaltete Brunnenhaus und ein Bauerngarten sind sehenswert. www.claretiner-spaichingen.de

weit weg gerückt, eingebettet in landschaftliche Schönheit, wohin man schaut. Sakrale Ästhetik weiß man von diesem ›Ausguck‹ aus standfest und sicher im Rücken. Denn zur ›Einkehr auf dem Berg‹ gehört ganz selbstverständlich die Andacht in der Wallfahrtskirche. Der ganze Liebreiz des ins Rokoko übergehenden Spätbarock erfüllt die hohe, Licht erfüllte Basilika. Sie ist das Herz der gepflegten Anlage auf dem Hochplateau. Eine kleine Schar von Claretiner-Ordensleuten hält seit 1924 den regen Wallfahrtsbetrieb aufrecht. In den seelsorgerischen Dienst der umliegenden Pfarreien eingebunden, unterhält die Ordensgemeinschaft hier oben ein gut frequentiertes Tagungshaus mit Nebengebäuden. Sie kann sich über wachsenden Zuspruch für ihr Angebot an Seminaren, Kursen, Gottesdiensten

DIE STARKE SPIRITUELLE AURA NÄHRT SICH AUS VORCHRISTLICHEN WURZELN.

und Einzelgesprächen freuen. Zigtausende von Besuchern und Gästen jährlich nutzen das religiöse Angebot oder genießen die meditative Ruhe in einem von Landschaft, Natur und Geschichte herausgehobenen spirituellen Raum. Der Dreifaltigkeitsberg hat seit Jahrhunderten besondere Ausstrahlung. Zielpunkt der Verehrung war ursprünglich ein Bildstock, den einer Legende zufolge ein Schafhirte aus Dankbarkeit errichtet haben soll. Dem bescheidenen Sanktuarium folgte 1415 eine Kapelle und die Gründung der Bruderschaft zur Heiligen Dreifaltigkeit.

Lebenslust und Frohsinn haben in der Welt der Macher und Schaffer Seltenheitswert. Nicht so im ›Erlebniswald‹ in Mahlstetten. Da wird die Natur mit ein paar Kniffen und Knoten zum ›großen Spaßmacher‹.

DER GROSSE SPASSMACHER NATUR

Das Südwestdach der Alb zwischen Neckar und Donau mit seinem steten Wechsel von Hochflächen, Taleinschnitten und Hügelkuppen hat einen herausragenden Ruf als Wintersportparadies. Die Biathlon-Hochburg Gosheim, der Alpin-Parcours Mahlstetten und das 100 Kilometer lange Loipennetz der Arbeitsgemeinschaft Skiwander-wege Heuberg sind *der* Geheimtipp für leidenschaftliche Brettel-Fans. Aus touristischer Sicht rangiert das geografisch, topografisch und klimatisch bedingte Abseits bisher im Schatten der großen Wintersport-zentren.

Tipp

FAMILIENSPASS: Haben Sie schon mal mit Frau Holle oder Goldmarie Golf gespielt? Unter den breiten Kronen eines Buchenwaldes kann man seinen Weg durch mächtige Wurzeln finden und mit Köpfchen, Glück und Geschick sein Spiel gewinnen. Die Kirchbühlhütte ist ganzjährig geöffnet.

Ein Grund mehr für die vielen ehrenamtlichen Helfer, in der Pflege der Pisten und Loipen nicht nachzulassen. Zumal sich die ›Schneearena Heuberg‹ durchaus im olympischen Glanz der erfolgreichen Gosheimer Biathletin Simone Hauswald sonnen kann. Apropos Sonne. Insider wissen natürlich längst auch die Freizeitfreuden eines schier unbegrenzten Natur-Dorados im Sommer zu genießen. Zumal sich seit 2009 zu den klassischen Sparten der Naherholung eine ganz neue Attraktion gesellt hat. Der ›Hirsch-Erlebniswald‹ gehört mit Waldseilpark, Märchengolf und Hüttenzauber zu den sportlichen wie auch geselligen Highlights für Alt und Jung.

DER GROSSE HEUBERG IST GANZJÄHRIG EIN TOLLES WANDER- UND SKIPARADIES.

Die Organisatoren und Betreiber – die Wurmlinger Brauereifamilie Honer fungiert als touristischer Initiator und Dienstleister – bieten ›Das perfekte Erlebnis für die ganze Familie‹. Beim luftigen Klettern von Baum zu Baum im sicherheitstechnisch bestens ausgerüsteten Trainingscamp gilt die Devise ›Balance halten‹. Der pädagogisch-therapeutische ›Spaßmacher‹ komplettiert das Freizeitangebot auf dem Großen Heuberg zum Abenteuer Natur in einer großartigen Landschaft.

LANDGASTHOF LIPPACHMÜHLE /// IM LIPPACHTAL /// 78601 MAHLSTETTEN ///
0 74 29 / 23 06 /// WWW.LIPPACHMUEHLE.DE ///

Spätzle oder Rösti? Im ›Landgasthof Lippachmühle‹ bestellt man am besten gleich beides. Ob schwäbisch oder schweizerisch – der Gaumen freut sich uneingeschränkt an Qualität und Originalität bodenständiger Nationalgerichte. Was Rainer und Nadine Aicher auf den Tisch des Hauses bringen, ist eine harmonische Synthese.

ROMANTIK AM RAUSCHENDEN BACH

Wenn die letzten Schneereste in den steil aufragenden Schluchtwäldern endlich den Märzenbechern das Feld räumen, beginnt die ›Lippachmühlenzeit‹. Ein Geschenk Gottes nennt die Wirtin die sehnsüchtig erwarteten Frühlingsboten, die zu Abertausenden die Wandersaison einläuten. An der Lippach, die sich in schmalen Bögen durch den westlichen Heuberg über sieben Flusskilometer hinweg der Donau zu gegraben hat, erwacht das Leben aus langem Winterschlaf.

Tipp

Am zertifizierten **DONAUBERG-LAND-WEG** gelegen, ist das gutbürgerlich ausgerichtete Haus mit bis zu 160 Plätzen und sechs Fremdenzimmern eine willkommene Station für Wanderer, Radfahrer und Biker.

Und mit der üppig sprießenden Natur zieht es die Menschen hinaus in die stille Abgeschiedenheit eines Wiesentales, das so manchem Liedvers aus ›Des Knaben Wunderhorn‹ Ehre macht. Brentano-Romantik pur: Die Anziehungskraft einer 675 Jahre alten ›Mühle am rauschenden Bach‹ gibt dem Landgasthaus der Aichers die ganz besondere Note: Gutbürgerliche Küche gepaart mit herzlicher Gastfreundschaft. In den Hochburgen des Schweizer Tourismus ausgebildet und mit reichlich praktischer Erfahrung im Hotelgewerbe ausgestattet haben Rainer Aicher und seine Frau vor nahezu 20 Jahren den elterlichen Betrieb übernommen. Wissen und Erfahrung aus der ›Tellsplatte‹ am Vierwaldstätter See, wo sich beide kennen und lieben

ALTE WEISHEIT ALS GESCHÄFTS-PRINZIP: DIE LIEBE GEHT DURCH DEN MAGEN.

gelernt haben, um dann im ›Toggenburg‹ zusammen gastronomische Verantwortung zu tragen, haben sie mit Elan investiert und ein traditionelles Ausflugsziel in eine Stätte gemütlich-gepflegter Einkehr aufpoliert. Küchenmeister Rainer Aicher sorgt für die schwäbisch-schweizerische Mixtur aus Qualität, Geschmack und Frische und seine Frau Nadine mit einer besonders persönlichen Note im Service fürs Wohl der Gäste. Das kommt nicht nur bei den Stammgästen an, die – ob Familienfeier, Wochenendausflug oder Geschäftsessen – die ›Lippachmühle‹ in ihren eigenen Alltag nahtlos integrieren.

Feierlich und zugleich ein wenig skurril mutet sie an, diese alljährlich wiederkehrende Prozession. Im Gänsemarsch geht's Schritt für Schritt über Felsbrocken und Schneereste den Steilhang hinauf. 100, 200, 300 Höhenmeter windet sich der Bergpfad durchs Hintelestal nach oben.

IM GÄNSEMARSCH DURCH MÄRZENBECHER

Nicht von ungefähr heißt die Schwäbische Alb auch die Raue Alb. Hier müssten die Märzenbecher gelegentlich schon Maibecher heißen, um der Wahrheit die Ehre zu geben. So genau weiß man nie, wann die hoch getürmten Schneewände in den fast senkrecht der Donau zu fallenden Trockentälern den rostfarbenen Blätterboden freigeben. Über Nacht geschieht dann das Wunder. Und die Kunde durcheilt wie ein Lauffeuer die Region: ›Sie blühen!‹ Nicht nur die Busunternehmer freuen sich über den ›Massenstart‹. In Scharen strömen die Bewunderer aus allen Himmelsrichtungen zum Naturschauspiel. Wenn tausende und abertausende (Schnee-)Glöckchen zwischen Mühlheim, Fridingen und Kolbingen den Frühling einläuten, beginnt auf der Südwestalb die Wandersaison mit einem Naturwunder. Es mögen mindestens ebenso viele stramme Wanderwaden, strahlende Augen und begeisterte Herzen sein wie zart-weiße rundbäckige Glockenstiele, die

EIN LOHNENDER ABSTECHER. Die Nachbargemeinde Renquishausen bereichert das Erlebnis Natur mit Kultur. Das dortige Kulturzentrum in einer ehemaligen Tabakfabrik bietet in der ›Galerie Tabak‹ Ausstellungen von hohem künstlerischen Niveau, Konzerte, Vorträge und Lesungen. www.renquishausen.de

Tipp

EIN NATURWUNDER IM DONAU-DURCHBRUCHSTAL LÄUTET DIE WANDERSAISON EIN.

im Wetteifer mit den Schneeresten die Buchenhänge weiß überschleiern. Wer dann – schweißtriefend aber glücklich – vom Donautalgrund auf der Kolbinger Höhe angekommen ist, kann die erste Frühjahrswanderrunde im Jahr durchaus noch mit einem Abstecher zur Kolbinger Höhle komplettieren. Hier gibt es ein ganz anders geartetes Wunder der Natur zu bestaunen. Das (tropf)steinerne Highlight ist ein absolutes Muss für jeden Alb-Fan. Der Schwäbische Albverein sorgt dafür, dass die einzige Schauhöhle auf der Südwestalb – mit 330 Metern Länge und nahezu hundert begehbaren Metern Länge ein unterirdischer Märchenpalast – regelmäßig bei Führungen zu besichtigen ist.

STADTVERWALTUNG MÜHLHEIM /// HAUPTSTRASSE 16 ///
78570 MÜHLHEIM/DONAU /// 0 74 63 / 99 40-0 ///
WWW.MUEHLHEIM-DONAU.DE ///

Begegnung mit dem Mittelalter. In fröhlich-derber Direktheit verpackt im schallenden Schüttelreim. Was der Mühlheimer Nachtwächter Laterne schwenkend durch die engen Gässchen und romantischen Winkel des Giebelfachwerks trägt, ist Stadtgeschichte pur.

DER WÄCHTER MIT DER WUNDERLAMPE

»Hört Ihr Leut und lasst Euch sagen …« Nachtwächter Siggi und sein anderthalbstündiger Schnellkurs durch die Vergangenheit des altehrwürdigen Städtchens an der jungen Donau können individuell gebucht werden. Mühlheim ist anno 843 erstmals urkundlich erwähnt. Rekordverdächtig wie die Stadtrechte am Herrschaftssitz der Freiherren von Enzberg ist auch das Besucher-echo. Der nächtliche Ruf seines Ochsenhorns aus Original eriträischem Zebugehörn tönt bis zu 60 Mal im Jahr durch die schmalen kopfsteingepflasterten Gässchen der pittoresken Altstadtidylle. Für Nachtwächter Siggi ist die Laterne seit frühester Kindheit eine ›Wunderlampe‹ und das Signalhorn des Wächters ein Synonym für Sicherheit. Das Haus seiner Mutter ist einst einem Stadtbrand zum Opfer gefallen, weil eine Magd mit offener Kerze leichtsinnig hantierte. Das Ehrenamt für ihn deshalb weit mehr als bloße Ehrensache. Das spüren die Gäste, wenn der ›Mann mit dem Licht‹ in schwarzem Loden und breitkrempigem Filz die Vergangenheit des ›Drei-Mühlen-und-zwei-Schlösser-Städtchens‹ mit seinen Gesängen und Anekdoten aus

Tipp

PILGERN ZUR MADONNA auf dem Welschenberg, ist seit dem 17. Jahrhundert ein Muss. Selbst wenn die imposanten Pfeiler der Kirche ›Maria Hilf‹ dem Wanderer von heute ihre einstige Bedeutung nur noch erahnen lassen – die Andacht in der Stille unter dem rauschenden Blätterdach wird er so schnell nicht vergessen.

DER URWÜCHSIGEN TOURISTEN-ATTRAKTION LIEGT EINE EHEMALS LEBENSWICHTIGE SCHUTZFUNKTION ZUGRUNDE.

den Schatten der historischen Mauervorsprünge lockt. Geschichte wird zur Gegenwart und eine über zwölf Jahrhunderte ausgeübte allnächtliche Tradition erfüllt in ihrer touristischen Renaissance einen sinnvollen Zweck. Das weiß auch der Mühlheimer Schultes – ebenfalls in historischem Fachwerk residierend – wohl zu schätzen. Nicht nur mit Blick auf die steigenden Übernachtungszahlen.

Vor Hunger und Kriegsnot
rang mancher die Hände
Auch schlugen die Flammen
schon an diese Wände.

So bin ich geworden endlich
Und gebeugt ist meine einst sch
Doch durft ich noch schauen die
Die Kinder des Dampfes
und forschen

RATHAUS FRIDINGEN /// KIRCHPLATZ 2 ///
78567 FRIDINGEN AN DER DONAU /// 0 74 63 / 83 70 ///
WWW.FRIDINGEN.DE ///

Einfach malerisch. Fridingen ist Spitzweg-Idylle pur. Und tatsächlich auch ein ›Künstlernest‹. Die romantische Note dominiert den Altstadtkern im wirtschaftlich prosperierenden Hohenberg-Städtchen am Donaudurchbruch.

DAS KÜNSTLERNEST AM DONAUDURCHBRUCH

Plätze zum Träumen gibt es hier in Hülle und Fülle. Verträumte Winkel im spitzgiebeligen Fachwerk. Traumhafte Landschaftsbilder. Märchenhafte Ausblicke. Fridingen an der Donau bietet dem Besucher eine ganz eigene Atmosphäre. Es scheint fast so, als habe der eigenständige Charakter einer denkmalgeschützten mittelalterlichen Altstadt auf die darin lebenden Menschen abgefärbt. Als habe das ›Historisch-Überkommene‹ einer über 700-jährigen Stadtgeschichte Individualität und Kreativität am Leben gehalten. Die größte Überraschung wartet in einem der schönsten und ältesten Bürgerhäuser, im Wirtshaus ›Scharf Eck‹. Hier im windschiefen Fachwerk spürt man den Geist Fridingens. Malerisch eingefangen vom Donautalmaler Hans Bucher (1929–2002) präsentiert er sich in ›Reinkultur‹. Über knarzenden Stiegen unter tief liegendem Balkenwerk atmet man den Geist einer empfindsamen, freiheitsliebenden Künstlerseele, zu einem Œuvre verdichtet, das seine Kraft aus dieser ›Fridinger Mischung‹ von Selbstbewusstsein und Heimatliebe zieht. Exzellentes Handwerk, künstlerische Inspiration und akademische Profession treffen sich in Buchers farbsprühenden Landschafts- und Blumenstücken, Selbstporträts und Stadtansichten. Immer mit liebendem Blick auf die Heimat als kraftvolle Mitte. Nicht minder schwungvoll und geistreich das Werk seines Onkels Franz Xaver Bucher (1899–1959). Auch er bestätigt in liebenswerten Aquarellen und Zeichnungen diese Nähe zu den eigenen Wurzeln. Begründer der künstlerischen wie auch der Gastwirtstradition war der Kunst- und Kirchenmaler Meinrad Bucher (1862–1903), dessen Wandmalereien und Verse die Fassade des alten Gasthauses schmücken. Dank einer Stiftung kann das originale Ambiente des ›Scharf-Eck‹ mit Werkstatt, Wohnung und Wehrgang in Gänze als Künstlerhaus besichtigt werden.

> **Tipp**
>
> **FRIDINGER SPEZIALITÄTEN.** Das Laientheater ›Naturbühne Steintäle‹, das ›Museum Oberes Donautal‹ im Ifflinger Stadtschlösschen und der ›Pflugumzug der Schwäbisch-alemannischen Fasnet‹ sind lokale Highlights, die man kennen sollte.

KÜNSTLERISCHES WIRKEN MIT WACHEM BLICK FÜR DIE HEIMAT ALS KRAFTVOLLE MITTE.

FREILICHTMUSEUM NEUHAUSEN OB ECK /// POSTFACH 4453 ///
78509 TUTTLINGEN /// 0 74 61 / 9 26 32 01 ///
WWW.FREILICHTMUSEUM-NEUHAUSEN.DE ///

Unsterblich? Nein das sind sie leider nicht, die ›Schau-Schwein-chen‹ von Neuhausen ob Eck, auch wenn sie noch so vergnügt ihrer ›musealen Pflicht‹ nachkommen. Die Stars der Freilicht-museums-Saison stehen programmatisch ›im Dienst der Sache‹. Bis zum bitteren Ende.

WILLKOMMEN IM DORF

Die ›Schweinehut‹ ist ein absoluter Hit. Als tägliches, während der Öffnungsmonate festes Museumsprogramm kann sie schon mal Kinder und Erwachsene außer Atem bringen. Das Museumsteam natürlich auch. Die ›schwäbisch-hällische Sauenparade‹ repräsentiert – ob beim sicht-lich angenehmen Suhlvergnügen im Schlamm oder von der Schweine-hirtin gelenkt beim Marsch durch die Dorfstraßen vom Stall zum eben-so beliebten Tagesaufenthaltsort im Dorfwald – ein ausgewiesenes Mu-seumsziel: Sie zeigt Bewirtschaft-ungs- und Lebensformen des 18. Jahrhunderts auf dem Lande. Dazu

LANDESWEIT EINMALIG, typisch älblerisch und ein absolutes Highlight: Im ›Pfeiferhaus‹, einem 75 Jahre alten original erhaltenen dörflichen Kaufladen, kann man nach Herzenslust kramen und kruschteln.

Tipp

gehört, wie die Dreifelderwirtschaft, auch die Hutweide. Und die war, wie die ›Hirtin‹ fachkundig erklärt, in der Regel sogar noch bis weit in die zweite Hälfte des 20. Jahrunderts hinein in den besonders ländlich strukturierten Dörfern der Alb, des Schwarzwaldes und der nördlichen Bodenseeregion verbreitet. Am Morgen sammelten unter Aufsicht des Hirten die Hütekinder alle Schweine des Dorfes und trieben sie – wie alle anderen Tiere auch – auf ausgewählte Weideflächen. Dass Schwei-nehirten am untersten Ende der sozialen Hierarchie eines Dorfes standen, weiß jedes Kind seit Grimms Märchen. Wie man im damaligen Alltag allerdings mit der Besitzlosigkeit strukturell umging,

SPANNENDE SOZIAL- UND KULTURGESCHICHTE AN DER SÜDWEST-PFORTE DES GEO-PARKS SCHWÄBISCHE ALB.

ist noch nicht abschließend erforscht. Und auch diese Grundlagenarbeit gehört zu den Primäraufgaben des Museums. Neuhausen ob Eck ist mit allseits anerkanntem Lehr-, Unterhaltungs- und Informations-Programm und rund 90.000 Besuchern jährlich einer der programmatischen Vorrei-ter unter den sieben Freilichtmuseen des Landes. Als ›Südwest-Pforte des Geoparks Schwäbische Alb‹ gewährt es Einlass in typisch älblerische Charakteristika, indem es bis ins Detail stimmig den dörflichen Alltag, die alten Sitten und Gebräuche neu aufleben lässt.

GASTHAUS – PENSION JÄGERHAUS /// BRONNEN 7 /// 78567 FRIDINGEN ///
0 74 66 / 2 54 /// WWW.JAEGERHAUS.DE ///

›Schmeck den Süden‹. Bei Franz und Franzi schmort Ur-
schwäbisches im Kochtopf. Ob Wurstsalat oder Maultaschen,
Wildbüfett oder Hechtklöße – das oberste Gebot bei Stehles
im ›Jägerhaus‹ lautet: ›Alles von eigener Hand‹. Geboten ist
Hausgemachtes vom Besten.

URSCHWÄBISCHES IM KOCHTOPF

Die bühnenreife Szenerie weckt Assoziationen an Carl Maria von Webers
›Freischütz‹. Das einstige Forsthaus liegt mitten im Herzen des Donau-
durchbruchtales, von Beuron, Buchheim und Fridingen aus zu erreichen.
Die insgesamt neun Kilometer
Wegstrecke fordern Attribute wie
wildromantisch, naturbelassen oder
abgelegen geradezu heraus. Die
Landschaftsdramatik von Fels, Flur
und Fluss ist ebenso wenig zu überbieten wie die – je nach Wetterlage – abenteuerliche Zufahrt auf dem

Tipp

AUS DEM TAL AUF DIE HÖHE.
Fantastische Fernsicht bis zu
den Alpen garantiert bei guter
Wetterlage der ›Lange Hans‹ in
Buchheim.
www.buchheim.de

Jurakalk-Sträßle, das sich Wanderer und Radfahrer einvernehmlich teilen.
Seit Forstmeister Karl Stehle im Juni 1902 die Eröffnung der Wirtschaft
›Jägerhaus‹ erstmals ankündigte, entwickelte sich die Postkartenidylle
unter der Felsenkrone von Schloss Bronnen zum Synonym für Donautal-
Romantik schlechthin. Das kulinarische Erlebnis steht der Naturkulisse
in Nichts nach. Was auf den Tisch kommt, ist hausgemacht. Für Qualität und Originalität stehen 2,7 Kilometer Donau-Fischwasser, in denen
sich Forelle und Karpfen, Aale und Hechte tummeln. Zum artenreichen
Wildbestand im ausgedehnten Jagdrevier gesellt sich eine achtzigköpfige

**GUTBÜRGERLICHE KOST MIT
AKZENT AUF SPEZIALITÄTEN AUS
HAUSEIGENER PRODUKTION**

Zebuherde. ›Unser absoluter Renner.‹
Küchenmeister Franz Stehle ist begeisterter Gastronom, Landwirt, Jäger
und Fischer. Seine Frau Martine teilt

seit 32 Jahren seine Leidenschaften. Und nimmt zwischen Brotbacken
und Büroarbeit auch schon mal selbst die Gams aufs Korn, die auf der
Felswand vor dem Küchenfenster ihr Revier hat. Dass die Familientra-
dition Bestand hat, ist gesichert. Auch alle drei Kinder haben das Hotel-
fach erlernt – mit solider Expertise in renommierten Häusern der Baar,
im Schwarzwald und im Elsass. Während Tochter Franziska gerade an
einer Schwarzwälder Kirschtorte ihr Händchen für die Pâtisserie beweist,
leitet Schwiegersohn Patrick beim Service zuverlässig das Lob der Gäste
als motivierende Würze in die Küche weiter.

ERZABTEI ST. MARTIN ZU BEURON /// ABTEISTRASSE 2 /// 88631 BEURON ///
0 74 66 / 170 /// WWW.ERZABTEI-BEURON.DE ///

Zum Niederknien – die Schönheit dieses Tales ist einzigartig.
Tiefe Stille und ein warmes Licht, das die Farben brennen lässt,
als ob alles – die Bäume, die Felsen, der Fluss – von innerem
Leuchten erfüllt sei.

HIER IST STILLE PROGRAMM

Klöster, so sagt man, stehen immer an landschaftlich besonders reizvollen Orten. Die Benediktiner Erzabtei Beuron ist dafür ein guter Beweis.
Einen prächtigeren Naturrahmen, eine dramatischere Landschaftsszenerie hätten die Klostergründer nicht finden können. Wohl auch keinen weltabgewandteren Ort, in dem Stille Programm, Spiritualität

Tipp

EIN SPAZIERGANG nach St. Maurus im Felde belohnt den Besucher mit ›Beuroner Kunst‹ und modernster Wasserkrafttechnik.

Konsequenz ist. Das Besondere zieht immer an. So mag die Magnetwirkung, die das Kloster an der jungen Donau zu allen Zeiten auf ›die Welt da draußen‹ ausübt, an der nach innen gerichteten mönchischen Lebensführung ebenso gelegen sein wie an der wundervollen Natur und der einzigartigen Landschaft. Seit die Benediktinermönche vor mittlerweile fast 150 Jahren nach der Säkularisierung das Kloster wieder besiedelt haben, ist Beuron ein Treffpunkt. Ein Ort des Zusammentreffens von Extremen. Von Abstand und Nähe. Besinnung und Begegnung. Geschichte und Gegenwart. Stille und Hektik. Hier haben Geistesgrößen Spuren hinterlassen und Gestrandete suchen – und finden – neue Wege. In dieses Spannungsfeld von Natur und Mensch zieht es alljährlich rund eine halbe Million Besucher. Das Kloster ist Anlaufpunkt. Bis zu tausend können es täglich sein, an hohen kirchlichen Feiertagen noch mehr, die sich auf dem

WER KOMMT, NIMMT IMMER ETWAS MIT. IN JEDEM FALL GEISTIGE ANREGUNG.

Kirchenvorplatz und an der Klosterpforte einfinden: Pilger und Seminargäste, Gottesdienst- und Konzertbesucher, Freunde der Beuroner Kunst und des Gregorianischen Chorgesanges, Wanderer und Fahrradtouristen, Kanu- und Klettersportler. Die einen suchen Ruhe und Abstand, die anderen wollen sich bewegen. Zu finden ist für jeden etwas in diesem ewigen Kanon von geistlichem Leben, liturgischer Zeremonie, landschaftlicher Schönheit und sportlicher Herausforderung. Wer hierherkommt, nimmt immer auch etwas mit. In jedem Falle geistige Anregung. Und dazu ein unvergesslich schönes Bild. Denn auch das ist das Besondere an diesem Ort. Er übersteht den Ansturm unbeschadet und bleibt immer wieder neu das in sich ruhende schöne Gemälde.

HAUS DER NATUR /// WOLTERSTRASSE 16 /// 88631 BEURON ///
0 74 66 / 9 28 00 /// WWW.NATURSCHUTZZENTREN-BW.DE ///
WWW.NATURPARK-OBERE-DONAU.DE ///

Einfach liebenswert ist jeder einzelne Quadratkilometer. Und weil es ganze 1.350 davon gibt, die zu erkunden, zu ergründen und vor allem zu bewundern sind, kann die Liebe zum Naturpark Obere Donau ein ganzes Leben lang halten.

NATURSCHUTZ UND TOURISMUS UMARMEN SICH

Das Herzstück dieses einzigartigen Naturraumes liegt zwischen Fridingen und den fünf Beuroner Teilgemeinden. Ein überwältigender Dreiklang aus Wald, Fels und Fluss gruppiert sich um rund zwölf faszinierende Donaukilometer. Naturschauspiel pur, wohin das Auge schaut. Sowohl auf den weiten Flächen hinter dem Taltrauf als auch an den Steilhängen und in der Uferzone des Talgrundes. An Dramatik lässt die Landschaft nichts zu wünschen übrig. Ebenso wenig an Reichtum und Vielfalt von Flora und Fauna.

ZEIT NEHMEN. Der Besuch der Dauerausstellung im ›Haus der Natur‹ vermittelt Basiswissen über die schützenswerte Natur in und um die Obere Donau.

Tipp

Nur folgerichtig also, wenn die Obere Donau als geschlossener Naturraum von europäischem Rang hervorgehobenen Schutz genießt. Was im europäischen Gütesiegel ›Natura 2000‹ seit Ende 2009 sozusagen verbrieft wurde, steckt erfreulicherweise nicht unter einer Glasglocke. Die nicht immer einfache Umarmung von Naturschutz und Tourismus an der jungen Donau – dokumentiert im gemeinsam vom Naturschutzzentrum und dem Naturparkverein getragenen ›Haus der Natur‹ in Beuron – funktioniert in der täglichen Praxis. 55 Gemeinden aus vier verschiedenen Landkreisen, dazu Albverein, Bergwacht, Landessportverband und Alpenverein koordinieren ihre Einzelinteressen

IM EINKLANG MIT FELS, WALD UND FLUSS – DER NATURPARK ALS FREIZEITPARADIES.

unterm gemeinsamen Dach. Den jährlich über 20.000 Besuchern steht ein vielseitiges Freizeitangebot zur Verfügung: Bis zu 400 Veranstaltungen und 200 Kurse im Jahr. Wer gern paddelt, lernt Rücksicht nehmen auf die schützenswerte Natur in der Flusszone; Kletterer wissen um die notwendige Schonung des Felsbiotopes; Wanderer erfreuen sich auf zertifizierten Qualitätsrouten wie Donaubergland und Donau-Zollernalbweg an ganz besonderen Aussichts- und Informationspunkten; die sorgsam gelenkte Begegnung von Mensch und Natur stößt auf allgemeine Akzeptanz: Wie auch sonst könnten hier Raritäten der Roten Liste wie Alpenbock, Steinröschen, Uhu, Biber oder Luchs dauerhaft überleben?

Zum Greifen nah ist der Himmel. Über den Hochflächen am kantigen Donautal-Abbruch spielt der Wind mit den Wolken. Ein raues Spiel. Natur und Mensch sind darin geübt, ›dagegen-zuhalten‹. Mit Körperkraft und mit den Waffen des Geistes.

IM EPIZENTRUM DES GENIEWINKELS

Schwäbisches Selbstbewusstsein gibt sich auf dem südlichen Heuberg von seiner herben und schon auch mal derben Seite. Kontrastreiche Konturen, kantige Profile, deftige Kost und kräftige Kerls gehören hier zur Landschaft wie die turmhohen Felsen und die Nähe zum Himmel. Der wortgewaltigste Barockprediger des christlichen Abendlandes. Abraham a Sancta Clara, der Augustiner-Mönch und spätere Wiener Hofprediger (1644–1709) erblickte als Bauernsohn Johann Ulrich Megerle in der Dorfwirtschaft ›Traube‹ zu Kreenheinstetten das Licht der Welt. Sein Leben hat in der Heimat bis heute bleibende Spuren hin-

BURGEN VON OBEN. Der frische Albwind begünstigt auch physische Höhenflüge. Auf dem Flugplatz Leibertingen werden Rundflüge angeboten. www.flugplatz-leibertingen.de

Tipp

terlassen. In der ›Abraham-Gedenkstätte‹ der einstigen ›Pfarrscheuer‹, wo sich das literarische Vermächtnis des großen Sohnes in bibliophilen Raritäten und wertvollen Exponaten eindrucksvoll zeigt. Am Stammtisch vorm gusseisernen Bauernofen in der alten Abraham-Stube seines Geburtshauses, wo man nach aufrechter Schwabenart heute noch so schwätzt, wie einem ›der Schnabel gewachsen‹ ist. Beim Historienspiel im ›Abraham-Gedenkjahr 2009‹, wo Geistesgut, Wortwitz und Sprachgewalt in großartiger Gemeinschaftsleistung der Dorfbewohner gipfelten. ›Wer unterm Strohdach geboren ist, muss kein Stroh im Kopf haben.‹ Keine Frage, dass dieser eine von zigtausend Kernsätzen aus dem Lebenswerk von Abraham a Sancta Clara

AUF BURG WILDENSTEIN WURDE EINES DER BEMERKENS-WERTESTEN DOKUMENTE DES MITTELALTERS VERFASST.

Ausdruck von Selbstbewusstsein ist. Ein echter Heuberger weiß, was er seiner Herkunft schuldig ist. An kreativen Vorbildern in direkter Umgebung mangelt es auch nicht. Herausragende Geistesgrößen wie die Grafen von Zimmern, die auf ihrem Stammsitz Schloss Wildenstein die älteste Chronik des Mittelalters verfassten oder Martin Heidegger, der im benachbarten Leibertingen verwurzelt war. Nicht von ungefähr heißt die Region ›badischer Geniewinkel‹.

TOURISTIKGEMEINSCHAFT OBERES SCHLICHEMTAL E. V. ///
SCHILLERSTRASSE 29 /// **72355 SCHÖMBERG** /// **0 74 27 / 94 02-0** ///
WWW.OBERES-SCHLICHEMTAL.DE ///

Sagenhaft. Die ›zehn Tausender‹ und das Obere Schlichemtal sind ein Wanderparadies. Wanderführer und Alb-Guides
überbieten sich geradezu darin, das ›Abenteuer der Stille‹ auf
immer neuen Themenwegen zu erschließen. Das ist Heimat-
kunde vom Feinsten.

ABENTEUER STILLE AUF SAGENWEGEN

Schusters Rappen wollen gut gesattelt sein: Wer auf dem Donau-Zollernalbweg aufbricht zum Naturerlebnis ›Große Albschlaufe‹, hat 14 Tages-
etappen vor sich. Eine ›Riesenrunde‹. Vom Aussichtsturm auf dem Lemberg, dessen Stahlgestänge ihm den
schmückenden Beinamen ›Schwäbischer Eiffelturm‹ eingetragen haben, lässt sich die Herausforderung
bei klarer Wetterlage ziemlich genau
abschätzen. Wer sich vor dem ›großen Abenteuer‹ einen ersten Vorgeschmack gönnen möchte – kein
Problem. Die 14. und letzte Etappe
der ›Großen Albschlaufe‹ bietet sich
als ›Testlauf‹ rund um den mit 1015
Metern höchsten Gipfel der ›zehn

> **DIE JUNGE SCHLICHEM** speist den
> Schömberger Stausee. Seit
> 1944 zunächst zum Speicher-
> becken für die Zementindustrie
> angestaut ist er heute eines der
> beliebtesten Erholungsgebiete
> im Zollernalbkreis. Für den
> Campingurlaub ebenso geeignet
> wie für den Familienausflug.
> www.stadt-schömberg.de
>
> **Tipp**

Tausender‹ geradezu an. Das touristische Gesamtpaket ›Abenteuer Stille‹ wurde geschnürt von der Touristikgemeinschaft Oberes Schlichemtal
und ist eine Vernetzung von Naturlehr- und Gedenkpfaden, Familien-
und Sagenwanderungen. Nicht nur die Natur und die fantastische Aussicht vom Albtrauf hinab über die Weiten des Albvorlandes und der Baar

> **DIE LETZTE ETAPPE DER
> ›GROSSEN ALBSCHLEIFE‹ IST EIN
> ECHTES WANDER-SCHMANKERL.**

bis hinüber zum Schwarzwald sind
sagenhaft. Die Gräben der Burganlage Oberhohenberg erinnern an einen
Schauplatz bedeutender Herrschafts-
geschichte. Bildstöcke erzählen Legenden dramatischer Ereignisse. Von
Fluch und Verwünschung, von Steinriesen, Erdmännlein und Wunder-
tannen, von Fürstenhochzeiten und Brandschatzung. Im zügigen Auf
und Ab geht es durch stillen Tann und über lichte Hardthöhen. Die
Streckenführung rechtfertigt das Attribut ›sagenhaft‹. Und mit Oberhohenberg, Hochberg und Lemberg sind bereits drei der ›zehn Tausender‹ bewältigt. Keine Frage: Dieser ›Probelauf‹ macht Lust auf mehr.
Weitere 200 erlebnisreiche Wanderkilometer warten schon …

Unvergleichlich, so ein Spaziergang durch die Erdgeschichte. Ein eigenartiges Gefühl ist es schon, diese schräge Rampe zu betreten und mit jedem Schritt Jahrmillionen Erdgeschichte zu durchwandern. Im Werkforum Dotternhausen des Baustoff-Multis Holcim sind sie auf genau 30 Meter geschrumpft.

ALLES BEGINNT MIT EINEM LANGEN NICHTS

Das ›Erlebnis Zeitrampe‹ eröffnet dem Betrachter ganz ungewohnte Perspektiven und hinreichend Stoff zur Selbstreflexion. Denn alles beginnt mit einem langen Nichts. Die Entwicklung des Lebens hat in diesen ersten Phasen der räumlich umgesetzten geologisch belegten Erdzeit nämlich so gut wie keine Spuren hinterlassen. Die anhand von Fossilienfunden dokumentierte Zeitspanne von 524 Millionen Jahren macht gerade mal die letzten vier von 30 Metern Gesamtweg aus. Was der Ölschiefer des ›Lias epsilon‹ – auch Schwarzer Jura genannt – dann allerdings in Hunderten von Vitrinen und Schaubildern im Fossilienmuseum freigibt, wird zur Metapher für irdische Evolution. In 200 Jahrmillionen hat sich die Sedimentschicht auf dem Grunde des Jurameeres zu ihrer jetzigen Dichte von gerade mal acht Metern Mächtigkeit zusammengepresst. Weil sich in diesem sauerstoffarmen Matsch die unterschiedlichsten Spezies, wenn auch meist platt gedrückt, so doch weitgehend in Form und Konsistenz erhalten haben, kann nun das vergleichsweise ›winzige Wirbeltier Mensch‹ am Ende einer langen

Tipp

IM SCHIEFERBRUCH – auf dem Westerberg zwischen Egesheim und Nusplingen hat das Jurameer fantastische Spuren hinterlassen. Ein beschilderter Rundweg mit instruktiven Schautafeln führt an die wissenschaftliche Grabungsstelle zu den ›Meerengeln in der Blauen Lagune‹.
www.nusplingen.de

WERTVOLLSTE FOSSILIEN AUS DEM JURAMEER DER WESTALB SÄUMEN DEN WEG.

Kette des Lebens heute bestaunen, was sich vor Jahrmillionen auf ›seiner Erde‹ ereignete. Wie kam der Kieselstein ins Krokodil? Was fressen Seelilien? Haben Saurier Eier gelegt oder lebende Junge zur Welt gebracht? Warum mussten Ammoniten in der Kreidezeit aussterben? Der Schieferbruch von Dotternhausen gab die Antwort auf ungezählte Fragen in ungezählten Fossilienfundstücken frei. Das Werkforum Dotternhausen ist einer der Glanzpunkte im Geopark Schwäbische Alb. Man kann hier sogar die Faszination des Fossiliensammelns beim Steineklopfen eigenhändig erfahren.

STERNWARTE ZOLLERN-ALB /// FRAUENBERGGASSE 1 ///
72348 ROSENFELD-BRITTHEIM /// 0 74 31 / 7 28 81 ///
WWW.STERNWARTE-ZOLLERN-ALB.DE ///

Schauen und Staunen ist in Brittheim Programm. Wenn sich vor dem schwindenden Abendlicht über dem blauen Schattensaum der Alb der Abendstern erhebt, richten sich in spitzem Winkel alle Fernrohre nach oben.

STERNENREISE ÜBER BLAUEN BERGEN

Bis zu diesem ersehnten Moment waren sie eher auf den Pyramidenkegel des Hohenzollern fokussiert, der – für das bloße Auge deutlich erkennbar – das imposante Band der Südwestalb markiert. Jetzt konzentrieren sich alle Teilnehmer auf den Star des Abends. Die Venus, freut sich ein kleiner Sterngucker. »Könnte auch die ISS oder irgendein anderer Satellit sein«, belehrt ihn ein Älterer. Und schon entspannt sich im Schnupperkurs für angehende Hobby-Astronomen auf dem Dach der Sternwarte Rosenfeld-Brittheim eine lebhafte Diskussion. Hier im ländlichen Abseits des Zollernalbkreises eines der modernsten Astro-Observatorien Europas zu

WAS IST EIN HIMMELSAPOLYTER?
Yves Opizzo aus Haigerloch, mehrfach preisgekrönter ›Meister der Sonnenuhren‹ und Mitglied im Brittheimer Sternwarten-Team, hat das geniale Orientierungsinstrument gebaut. Zu bestaunen in der Sternwarte Zollern-Alb.

Tipp

finden, ist eine echte Überraschung. Zumal der Spagat zwischen Spitzenwissenschaft und Breitenbildung ausschließlich dem Idealismus von Amateur-Astronomen zuzuschreiben ist, einem Förderkreis begeisterter ›Sterngucker‹, denen es gelungen ist, mit Unterstützung aus Kommunal- und Landespolitik ein Fenster zu fernen Galaxien zu öffnen. »An einem idealen Standort und zugänglich für das breite Publikum«, verweist Initiator und Vereinsvorsitzender Rolf Bitzer aus Albstadt auf wöchentliche Öffnungszeiten, Veranstaltungsreihen und Führungsangebote. Beste Voraus-

EIN ASTRONOMISCHES PRUNKSTÜCK ABSEITS VON LÄRM UND STREULICHT

setzungen also, abseits von Lärm und Streulicht in den Dialog mit dem Weltall zu treten. Die Volkssternwarte Brittheim beherbergt unter ihren vier Kuppeln nicht nur eines der größten und leistungsfähigsten Spiegelteleskope Europas, sie verfügt auch über eine hervorragende radioastronomische Ausstattung. Funkkontakt mit der ISS? Wetterbild direkt aus dem Satelliten? Kameraexperiment im Sonnensturm? Kosmischer Verkehrsunfall? Wanderung durch die Gluthölle der Venus? Alles kein Problem. Das Team der Sternwarte serviert nicht nur am Tag der Astronomie die ganze Bandbreite.

Das Ferienland Hohenzollern kennenzulernen, ist ein wahrhaft kaiserliches Vergnügen. Die attraktiven Ziele sind bunt und schillernd wie die Geschichte der Kaiser und Könige, Fürsten und Grafen, die hier vielfältige Spuren hinterlassen haben. Ob Schlosskonzert oder Burghockete, Jazz-Session oder Talentschuppen, die kulturellen Juwelen der Gegenwart stehen den noch heute zu bestaunenden Preziosen der gekrönten Häupter an Glanz in nichts nach.

AUF KAISERS SPUREN

Seit 2008 präsentiert sich das Ferienland par excellence werbewirksam unter dem Signum der hohenzollerischen Wappenkronen. Die bis dato getrennt ›marschierenden‹ kommunalen Tourismusgemeinschaften ›Zollernalb-Touristinfo‹ und ›Erlebniskreis Sigmaringen‹ vereinigten sich zum ›Ferienland Hohenzollern e. V.‹. Und die der organisatorischen Vereinigung zugrunde liegende Hoffnung, in der südlichen Mitte der Schwäbischen Alb ein starkes Magnetfeld zu etablieren, das den klassischen touristischen Hochburgen von Bodensee und Schwarzwald Paroli bieten kann, zeitigt schon erste Erfolge. Rund eine Viertelmillion Gäste im Jahr genießen bereits jetzt das abwechslungsreiche Naherholungs- und Ferienangebot an vielfältig vernetzten Reisewegen.

Das neue Erscheinungsbild bündelt die Fülle bemerkenswerter Sehenswürdigkeiten in einer großartigen Naturlandschaft zwischen Donau und Neckar, Bära und Lauchert zum attraktiven Erlebnis- und Erholungsraum, dem die hohenzollerische Geschichte Glanz und Glorie verleiht. ›Auf Kaisers Spuren‹ 28 Stationen wandernd, radelnd oder motorisiert über den Hohenzollernweg oder die Hohenzollernstraße anzusteuern, gibt dem Begriff ›Alb-Träume‹ eine ganz neue Deutung.

Die touristische Renaissance ist nicht nur als willkommene Steigerung der Wirtschaftskraft von Bedeutung. Sie trägt auch dazu bei, dass die einstige politische wie historische Selbstständigkeit der ›Hohenzollernlande‹ nicht in Vergessenheit gerät. Dieser ›Nebeneffekt‹ ist unbestritten das Verdienst junger, zukunftsorientierter Touristik-Strategen, die sich von Einzelinteressen und regionalem Kästchendenken nicht daran hindern lassen, die gar nicht allzu weit zurückliegende Vergangenheit einer historisch höchst bedeutsamen Raumschaft weiten Kreisen anschaulich zu öffnen.

1000 Jahre Geschichte des Hauses Hohenzollern sind so faszinierend wie die Märchen aus Tausendundeiner Nacht. Im kompliziert geschlungenen Flechtwerk von vier dynastischen Strängen zieht sie sich zwischen Neckar und Donau quer über den Albrücken, seit das Geschlecht im 11. Jahrhundert von einem Reichenauer Mönch zum ersten Mal urkundlich erwähnt wurde.

Ohne professionelle Führung ist es kaum möglich, die weit verzweigte Krone des Zollernstammes zu entschlüsseln. Das üppig verzweigte Blattwerk des fürstlichen Stammbaues – sowohl auf Burg Hohenzollern als auch im Schloss Sigmaringen kunstvoll aufs Mauerwerk des hochherrschaftlichen Entrees gemalt – erlaubt eine erste Orientierung. Die Wandfresken im jeweiligen Wappensaal lassen nicht im Zweifel über die Bedeutung der Familie in Europas Hochadel: An gekrönten Häuptern ist kein Mangel. Die Hohenzollern verkörpern europäische Geschichte: Die (evangelisch) preußische Linie auf Burg Hohenzollern in Bisingen glänzt mit deutschen Königen und Kaisern; die (katholisch) schwäbische Linie mit Stammschloss Sigmaringen hat sich in den Königshäusern Portugals, Rumäniens und Belgiens verewigt. Vom Stolz vergangener Macht der mittlerweile ausgestorbenen Hohenzollern-Zweige in Haigerloch und Hechingen gibt es steinerne Zeugen. Selbst im Felsen-und Fliederstädtchen Haigerloch prägt fürstliches Flair heute noch das Stadtbild. Und das Hechinger Selbstwertgefühl spiegelt sich noch heute in der Atmosphäre einer kleinen Residenz.

In der Rolle des ›Ferienlandes‹ haben die hohenzollerischen Stammlande nun eine bleibende Funktion. Die Pracht der fürstlichen Gemäuer und Gemächer, das glanzvolle historische Erbe und die tragende Rolle im post-napoleonischen Aufbruch in die Neuzeit fordern jährlich Hunderttausenden von Besuchern aus aller Welt Respekt ab. Insbesondere dann, wenn der Preußen-Adler über den Burgtürmen des Zollern schon von weither sichtbar die persönliche Anwesenheit des Kaiser-Ur-Urenkels signalisiert und – etwa 20 Kilometer Luftlinie weiter am südlichen Albtrauf – in Sigmaringen die fürstliche Standarte weht. Der Hochadel ist zuhause. Und weil sich in den pulsierenden Kulturräumen Albstadt wie Balingen, Schömberg wie Gammertingen zur Burg- und Schloss-Romantik auch noch eine großartige Landschaft mit Freizeit- und Erholungswerten und vielen weiteren Sehenswürdigkeiten gesellt, hat das ›Ferienland Hohenzollern‹ summa summarum Zukunft.

Große Oper im kleinen Kloster. In Inzigkofen hat die Weltgeschichte bleibende Spuren hinterlassen. Die bühnenreife Dramaturgie am romantischen Schauplatz ganz ›in natura‹ zu verfolgen, fällt leicht. Fürstlicher Park und Palais, Klostergarten und Museum sind für Gäste aus aller Welt bestens gerüstet.

BÜHNENREIFE DRAMATURGIE AN DER DONAU

Bizarre Felsformen, geheimnisvolle Grotten, schwindelnde Abgründe, abenteuerliche Pfade – der Fürstenpark Inzigkofen lebt von der Symbiose aus Natur und Gartenbaukunst. Der Sinn für Dramaturgie dürfte

IM BLÜHENDEN KRÄUTERWINKEL IST GROSSE GESCHICHTE ZU HAUSE.

ein Wesenszug seiner Initiatorin, Fürstin Amalie Zephyrine von Hohenzollern (1760 – 1841) gewesen sein. Wer in diesem wild bewegten Naturraum eine Analogie zu ihrem bewegten Schicksal erkennt, sieht sich bestärkt vom Inhalt der Schautafeln. Diese geben eindrucksvoll Auskunft über ihren Lebensweg von der Ehe mit Anton Aloys von Hohenzollern über die Pariser Salons während der Französischen Revolution bis zur Freundschaft mit Napoleons Gattin Josephine und den mit europäisch-höfischem Glanz erfüllten Lebensabend in Inzigkofen. 26 Hektar umfasst die Parkanlage, die sich von der mauerumfriedeten ehemaligen Klosteranlage am Ortsrand zur Donau hinab erstreckt. Mindestens ebenso spannend wie die Einführung in das Leben jener ungewöhnlichen Frau, die im napoleonischen Krieg mit diplomatischem Geschick dafür sorgte, dass die Sigmaringer Hohenzollern als einzige der zahlreichen Fürstentümer im Südwesten ihre Selbstständigkeit bewahren konnten, ist auch die museumsdidaktisch hervorragend aufbereitete Geschichte der Klosterfrauen von Inzigkofen, die über 650 Jahre Klostergeschichte hinweg – vom Spätmittelalter bis zur Säkularisation – die Bedeutung des Ortes prägten. Heute profitieren

DIE KLOSTERKIRCHE, im 17. Jahrhundert von Michael Beer erbaut, ist ein barockes Kleinod mit außergewöhnlicher Ausstattung. Blickpunkt ist das Nonnen-Gitter der Empore, ein kunstvolles Zeugnis von Kreativität und Handfertigkeit der Klosterfrauen, die es eigenhändig aus Draht, Papier und Holzstäben geformt haben.

Tipp

von der Ruhe hinter den hohen Klostermauern die Kursteilnehmer eines bestens frequentierten Volkshochschulheimes. Darüber hinaus führt ein gepflegter Kräutergarten in die Heilkraft der Natur ein, ganz so, wie sie Hildegard von Bingen dereinst lehrte.

›Hoheit gibt sich die Ehre‹. Fürstliches Flair ist in Sigmaringen allgegenwärtig. Die Straßen, die Fassaden, die Grünanlagen. Und über all dem von Fürstenglanz und Bürgerstolz geprägten Stadtkonterfei thront die Residenz der Fürsten von Hohenzollern-Sigmaringen.

FÜRSTENGLANZ AUF SCHRITT UND TRITT

Die Fürstenfamilie ist für die 16.500 Einwohner in der Raumschaft an Donau, Schmeie und Lauchert ein Teil persönlicher Identität. Wie seit Beginn der knapp 500-jährigen hohenzollerischen Herrschaftsgeschichte. In Sigmaringen jobbt man im Prinzenbau, shoppt im Marstall, joggt im fürstlichen Wildpark Josefslust und lustwandelt im gepflegten Prinzengarten. Ein Neugeborenes empfängt hier die Taufsakramente in der ›Fidelis-Wiege‹ vor bemerkenswertem Sakralbarock in der einstigen Burgkapelle, zieht mit den Repräsentanten des Fürstenhauses alljährlich bei der ›Fidelis-Prozession‹ am Todestag des Stadtheiligen an Preußenadler und Fürsten-Statue im Schlossgarten vorbei durch die Innenstadt, freut sich alle Jahre wieder an der exquisiten Schönheit der Weihnachtskrippe in der Hedinger Gruftkirche der Hohenzollern und wird schlussendlich in unmittelbarer Nachbarschaft mit Zeitzeugen von Rang und Namen, die einst in hohenzollerischen Diensten standen, seine letzte Ruhestätte auf dem Friedhof teilen. In der Residenzstadt des Fürstentums Hohenzollern-Sigmaringen mögen einige Relikte historischer Blüte da und dort schon etwas Patina angesetzt haben, doch die Aura einer großen Geschichte ist nach wie vor präsent. Dank der zeitweilig herausragenden Rolle in der Weltgeschichte – von Napoleon über die Preußenkaiser bis zur kurzen aber nachhaltigen Ära des Vichy-Regimes – wird der Stadtrundgang zum spannenden Abenteuer Geschichte. Insbesondere dann, wenn er – ob in Tages- oder Themenführungen – mit einer Schlossbesichtigung abgerundet wird. Persönliche Begegnung mit Fürstens inbegriffen. Die Schloss-Herrschaft pflegt Heimat und Herkunft intensiv und höchstpersönlich. Karl Friedrich Fürst von Hohenzollern sieht sich da der Tradition von Familie und seinen Sigmaringer Mitbürgern verpflichtet.

HIER RESIDIERT EINE DER BEDEUTENDSTEN HOCHADELSFAMILIEN EUROPAS.

Tipp

Der **WILDPARK JOSEFSLUST** ist eines der meist besuchten Naherholungsgebiete an der Oberen Donau. Natur pur auf insgesamt etwa 1500 Hektar Waldfläche.

BÜRGERMEISTERAMT BINGEN /// HAUPTSTRASSE 21 /// 72511 BINGEN ///
0 75 71 / 7 40 70 /// WWW.BINGEN-HOHENZOLLERN.DE ///
WWW.RUINE-HORNSTEIN.DE ///

Wie ein Adlerhorst wachen die Mauerquader in schwindelnder Höhe auf der Felsenkrone über dem Tal der Lauchert. Unter den vielen Überbleibseln ritterschaftlichen Stolzes am Alb-Donaurand ist Ruine Hornstein bei Bingen zweifellos die imposanteste.

EIN FINGERZEIG DER VERGÄNGLICHKEIT

›Auferstanden aus Ruinen‹ – in der bürgerschaftlich restaurierten Burganlage setzen Idealismus und Engagement des Fördervereins Ruine Hornstein seit mehr als 20 Jahren dynamische Akzente. Ritterburg, Barockschloss, Zucht- und Strafanstalt, Freilichtbühne … 800 Jahre Geschichte haben vielfältige Spuren hinterlassen.

FEIERN – TAFELN – BETEN: WIE ›BEI DEN ALTEN RITTERSLEUT'‹

Unverkennbar, dass diese Bruchsteinmauern dem Schicksal des totalen Verfalls nur haarscharf entronnen sind. Doch die verbliebenen Steine erzählen eindrucksvoll von Prunk und Stärke, von Schloss und Herrschaft. Als ein markanter Fingerzeig der Vergänglichkeit herrschaftlichen Glanzes, aber auch eines immerwährenden Auf und Ab. Dass dem aufgelassenen Sitz der Freiherren von Hornstein ein Neuanfang als ›öffentliches Kulturgut‹ beschieden sein sollte, beeindruckt. Aus dem mithilfe öffentlicher Fördermittel und Eigenleistung geschulterten Millionenprojekt Burgsanierung – von den Eigentümern lediglich durch langfristig kostenfreie Nutzungsüberlassung gestützt – wurde ein kulturell wie gesellschaftlich rund ums Jahr ausgebuchter Veranstaltungsort. Führungen, Ferienspiele, Familienfeste …Ruine Hornstein ist ein ›Kult-Ort‹, an dem sich ›fürstlich beswingt‹ vom Saxofon des Fürsten von Hohenzollern auch die überregionale Jazz-Szene trifft. An dem in illustrer Gesellschaft die Landesministerin den eigenen Eintritt ins Schwabenalter feiert. An dem im Barockstuck der Turmkapelle so mancher Bund

BEIM AUSFLUG von Bingen ins Bittelschießer Täle lässt sich die Prise Oberschwaben in der barocken Sakralwelt der markanten katholischen Kirche mit einem Hauch Alb-Romantik am fels- und burggesäumten Ufer der Lauchert verbinden.

Tipp

fürs Leben geschlossen wird. Ruine Hornstein ist attraktives Ziel und guter Start zugleich. Hier lässt sich's bestens tagen und feiern und natürlich auch wandern in guter Luft und herrlicher Landschaft. Wer Lust und Laune hat und sich rechtzeitig anmeldet, kann bei Tanz, Spiel und Schmaus nachempfinden, wie's dereinst wohl gewesen sein mag – bei den ›alten Rittersleut‹.

BRUNNENSTUBE – RITA ET FABRICE COQUELIN /// MENGENER STRASSE 4 /// 72516 SCHEER /// 0 75 72 / 36 92 /// WWW.BRUNNENSTUBE.DE ///

Rita und Fabrice Coquelin halten mit ihrer ganz speziellen Haute Cuisine zwei alte Volksweisheiten hoch. Die erste lautet: ›Liebe geht durch den Magen‹. Die zweite: ›Das Auge isst immer mit‹. Seit ›la force d'amour‹ den französischen Küchenchef und die schwäbische Restaurantfachfrau aneinander bindet – mittlerweile schon über 30 kreative Jahre lang – schwebt auch in der Brunnenstube die Liebe über allem. Das ›Liebesmenü‹ mit Rosenblättersekt, Sellerieherz, Safransauce und Zimt-Mousse steht am Valentins- oder Hochzeits- oder Muttertag sogar auf der Speisekarte.

EDLE KOST IM FEINEN AMBIENTE

›Empfehlenswert‹ urteilen Deutschlands Küchenpäpste. Ob Schlemmeratlas, Varta-Führer oder Guide Michelin – die Profi-Gourmets sind sich einig. Gepflegtes Ambiente auch beim äußeren Augenschein. Die Passion der Eigentümer für einladend-gepflegte Gastlichkeit macht die ›Brunnenstube‹ in Scheer nach der grundlegenden Renovierung der Zehntscheuer seit 1982 zum Schmuckstück im Ortsbild. Ihr Bekanntheitsgrad als ›gute Adresse, wenn man mal gepflegt speisen will‹ strahlt entsprechend weit in die Region hinaus. Empfehlenswert ist die ›Tischkultur à la Brunnenstube‹ nicht nur deshalb, weil die Trikolore über all den Genüssen weht, die Fabrice Coquelin auf die Teller bringt. Zum Esprit seiner Kreationen gesellt sich als Pendant die Tischdekoration. Mit liebenswerten Ideen und geschickter Hand macht die Frau des Hauses dem Betrachter die stilvoll gedeckte Tafel zum Augenschmaus. Von der persönlich-anlassbezogenen Menü-Karte beim Familien- und Geschäftstreffen über jahreszeitlich thematischen Tafel-Schmuck steht der Genuss fürs Auge dem für Gaumen und Magen in nichts nach. »Tischkultur will genauso gelernt

Tipp

EIN SPAZIERGANG hinauf auf den Schlossberg, am mächtigen Schloss vorbei hinein in den Schlossgarten und zur Basilika St. Nikolaus mit Feuchtmayer-Barock.

KULINARISCHER EVENT IM SCHATTEN DES LINDENBAUMS AM DORFBRUNNEN

sein wie die Kochkunst«, weiß Rita Coquelin und verbindet Service und Management zusätzlich noch mit originellen ›Schnupper-Angeboten‹. ›Geschäftsessen mit Benimmkurs für Gymnasiasten‹ zum Beispiel. Oder das Festtagsmenü mit eigenhändig anzurichtendem Dessert für Kinderschüler. Denn: ›Was Hänschen nicht lernt …‹ Ein lächelnd erhobener Zeigefinger nicht nur in Sachen Esskultur.

KELTENMUSEUM HEUNEBURG /// ORTSSTRASSE 2 ///
88518 HERBERTINGEN-HUNDERSINGEN /// 0 75 86 / 91 73 03 ///
WWW.HEUNEBURG.DE ///

Frühlingsfest im frühkeltischen Fürstensitz. Auf der Heuneburg herrscht Hochbetrieb. Die Feuerstellen lodern. Die Fladen duften. Die Web-Brettchen klappern. Die Wangen glühen. Eine Kette aus Glasperlen reihen? Holznägel aus Fichtenästen schnitzen? Einen keltischen Knoten knüpfen? Im Zeitensprung wird längst Verschollenes wieder zum Leben erweckt.

GOLD UND GLAS AUS HÜGELGRÄBERN

Sensation im Maisfeld der Donau-Auen. Das Hügelgrab unweit der Heuneburg entpuppt sich mit wertvollsten Grabbeigaben als Totenkammer einer frühkeltischen Fürstin. ›Ein Fund von europäischem Rang‹ urteilt die Fachwelt noch vor der archäologischen Aufbereitung. 2012 soll der Fund bei der großen Keltenausstellung in Stuttgart gezeigt werden.

Vor 125 Jahren gaben die riesigen Grabhügel im südlichen Albvorland ihr wertvolles Innenleben zum ersten Mal preis. Goldene Arm- und Halsringe wiesen auf einen ›Fürstensitz Heuneburg‹ hin. Systematische Forschungsarbeit ließ die Fachwelt aufhorchen: Die Heuneburg mit ihrem Umland erwies sich als eine herausragende archäologische Region in Mitteleuropa. Mit vereinten Kräften von Wissenschaft, öffentlicher Hand und ehrenamtlichen Helfern gelang es in den Folgejahren, die Bedeutung dieser frühkeltischen Hochburg allgemein zugänglich zu machen. Museal aufbereitet im mit wertvollen Grabungsfunden ausgestatteten Museum Hundersingen und in authentischer Rekonstruktion zu einem der attraktivsten Freilichtmuseen im Land gestaltet, ermöglicht ›die Heuneburg‹ heute die persönliche Begegnung mit unseren keltischen Vorfahren in erstaunlicher Intensität und Lebendigkeit. Das im Denkmalbuch eingetragene ›Kulturdenkmal von besonderer Bedeutung‹

> **DIE ZEUGEN LÄNGST VERGANGENER ZEITEN BEGINNEN ZU SPRECHEN.**

WANDERN in grauer Vorzeit: Die Viereckschanzen und Grabhügel sind durch einen archäologischen Wanderweg verbunden.

Tipp

öffnet ein Fenster in die Mitte des 1. vorchristlichen Jahrtausends. Dabei bleibt es nicht bei der trockenen Belehrung mit geschichtlichen Daten und Fakten. Diese sind angereichert mit nachvollziehbaren, ja ›nachspielbaren‹ Einblicken ins tägliche Leben einer Gesellschaft, die – und das ist eine der erstaunlichsten Erkenntnisse aus den Heuneburg-Funden – damals schon weltweit vernetzt war. So ist eines der vielen bedeutsamen Kapitel der Keltengeschichte nicht von ungefähr mit ›Einmal Mittelmeer und zurück‹ überschrieben. Vielleicht liegt die sprichwörtliche schwäbische Weltoffenheit ja sogar in keltischen Genen begründet?

Rathaus

Altestes Rathaus
von Hohenzollern.
Um 1415 errichtet.
Im 19. Jahrhundert um
gebaut und verputzt.
Im Erdgeschoß war ein
offene Markthalle.
Renovierung und Frei-
legung des alemannischen
Fachwerks und Abschl
der Arbeiten zu d

BÜRGERMEISTERAMT VERINGENSTADT /// **IM STÄDTLE 116** ///
72519 VERINGENSTADT /// **0 75 77 / 93 00** /// **WWW.VERINGENSTADT.DE** ///

Im ›Neandertal des Südens‹ werden Besucher gleich am Stadt-
eingang von ihrem ältesten Vorfahren begrüßt. Die einladende
Geste des außergewöhnlichen Brücken-›Heiligen‹, der da so
gelassen über der mäandernden Lauchert wacht, ist eine un-
übersehbare Aufforderung zum Schauen und Staunen.

GESCHICHTE NACHERLEBEN

Das Städtle der Grafen von Veringenstadt – um 1250 mit dem Stadtrecht
versehen – erweist sich beim Näherkommen als wahre Schatzkammer.
Ein nahezu lückenloser Spiegel der Menschheitsgeschichte der vergangenen 80.000 Jahre, der – belegt von Fundstücken aus wissenschaftlich be-
gleiteten Ausgrabungen – quer durch die bedeutenden Siedlungsepochen
führt. Wie eine Schutzmauer umrunden
Fels und Fluss das eng an den Berghang
gelehnte Giebel-Idyll mit mächtiger
Kirche. Nicht nur die Anzahl der Höh-
len an der eiszeitlichen Bruchkante als einer Fortsetzung des Zollerng-
rabens macht das Lauchert-Städtle heute zu einem Mekka für Hobby-
Historiker. Es ist die beispielhafte Aufbereitung von Heimatgeschichte,
die – in drei Themenwege gegliedert – dem Wissbegierigen übersichtlich
in Bild und Text die wichtigsten Fragen beantwortet, noch bevor er sie
überhaupt stellen konnte. Verfolgt man den Uferpfad ›Lebendige Lauchert‹, so ist man nach Betrachtung der sieben Schautafeln bestens im
Bilde über Fischfang und gewerb-
liche Wassernutzung, Flusslauf
und -entstehung. Wandert man den
›Heimatgeschichtlich-geologischen
Rundweg‹ entlang, erfährt man so
ziemlich alles über Geologie, Sied-
lungsgeschichte und Erzgewin-
nung. Steigt man den ›Grafenweg‹
zur ebenso malerisch wie dominierend über dem Stadtkern thronenden
Burganlage hinauf und taucht danach wieder in die Enge des liebenswert
herausgeputzten mittelalterlichen Stadtkerns, so erschließt sich Blick für
Blick gelebter Bürgerstolz. An fast jeder original restaurierten Giebel-
fassade gibt ein Schild über Alter, Zunft und Familie Auskunft. Hier ist es
beispielhaft gelungen, Geschichte erlebbar zu machen. Die Veringenstäd-
ter haben's ›ihrem‹ Professor Erwin Zillenbiller mit einer eigenen Straße
und der Verleihung der Ehrenbürgerwürde gedankt.

**WISSENSWERTES AUS DER
HEIMATGESCHICHTE IM ÄLTES-
TEN RATHAUS HOHENZOLLERNS**

MUSEALES KLEINOD: Inspiriert von
den gotischen Fresken in der
romanischen Burgkapelle
empfiehlt sich der Besuch des
›Strübhauses‹ am Fuß der Burganlage.

Tipp

Das ›Blaue Band der Schwäbischen Alb‹ nennt man die 53 Flusskilometer der Lauchert. Nur wenn der Albwinter die Pastelltöne
der Tallandschaft in graue Tristesse taucht, verschwinden die hei-
teren Akzente. Für Frohsinn sorgen dann die Narrenbändel.

FASTNACHTSKULTUR IN DER NARRENBURG

Richard Geiselhart ist ein ›Felsenschlupfer‹ von Format. Gründungsmit-
glied, Präsident, Ehrenpräsident. Noch heute mit 73 Lebensjahren hält er
das Narrenzepter fest in der Hand. In Hettingen, wo sich das zweitkleinste
Städtle des Landes mit der Lauchert an einer Engstelle zwischen die Felsen zwängt, ist der gebürtige Oberst-
etter längst kein ›Rein'gschmeckter‹
mehr. Dazu haben dereinst die Macht

**HIER SIND DIE ›FELSENSCHLUP-
FER‹ IN BESTER GESELLSCHAFT.**

der Liebe, vor allem aber ›das Häs‹ beigetragen. Die schwäbisch-ale-
mannische Fastnacht hat hier, wie in den Nachbargemeinden auch, tra-
ditionell tiefe Wurzeln. Institutionalisiert zur Narrenzunft und später
zusammengeführt im Alb-Lauchert-Ring haben sie ›gestandene Mannen‹
wie Richard Geiselhart. Seit geraumer Zeit kann letzterer sich nun sogar
als ›Burg-Herr‹ fühlen. Hoch überm bürgerlichen Giebel-Idyll mit über
700-jähriger wechselvoller Stadtgeschichte thront nämlich nicht nur das
Rathaus im Schloss, sondern in der ehemaligen Zehntscheuer auch die
›Narrenburg‹. In diesem schmuck
eingerichteten Brauchtumsmuseum
wird seit 2007 Wissenswertes und
Anschauliches über die europäische
Fastnachtskultur in Dauer- und
Sonderausstellungen thematisch
aufbereitet. Das fordert vom ›Felsenschlupfer‹ Geiselhart sonntäg-
lichen Einsatz per Staubwedel,
Kehrbesen und auch schon mal mit
dem Schraubenzieher. Denn erstens
wollen die ›Eulen‹, ›Germanen‹,
›Hilbenschlecker‹ und ›Kohlraben-

DIE BESICHTIGUNG der Amts-
stuben im Hettinger Schloss ist
während der Öffnungszeiten
möglich. Auch die spätgoti-
sche Pfarrkirche St. Martin mit
barocker Sakralkunst und den
Grabdenkmälern der Herren
von Speth gehören wie der
›Windmühlenturm, der nie eine
Windmühle war‹ im Teilort In-
neringen zum Pflichtprogramm.

Tipp

köpfe‹, die ›Tiroler Scheller‹ und die venezianischen Schönen, die da in
Lebensgröße das Phänomen ›Fasnet-Karneval-Fasching‹ repräsentieren,
ständig geputzt und gepflegt sein. Und zweitens obliegt dem passionier-
ten Vereinsmitglied auch die Wartung der Narrenzunftstube im ehemaligen Haberkasten und des Schlossgartens zwischen Schlosshof, Schild-
mauer und Zwinger.

HOHENZOLLERISCHE BALLONFAHRER GMBH /// POSTFACH 1204 ///
72435 ALBSTADT /// 0 74 32 / 9 91 04 /// WWW.HZ-BALLONFAHRER.DE ///

Schwerelos. Lautlos. Der Wind treibt den Ballon übers Hohen-
zollernland. Felder, Wälder, Wiesen malen unter uns ›Patchwork-
Geometrie‹. Gemälde in grün. Nordwärts gerahmt vom welligen
Blau der Albkuppen, südlich vom Zackenband der Alpen.

NUR DER WIND KENNT DAS ZIEL

›Im Frühtau zum Himmel …‹ Heute bedient der Chef persönlich den
Brenner des Heißluftballons. Vom Startplatz hinterm Ballonzentrum am
Eschenbach in Albstadt-Pfeffingen erhebt sich die Heißluft gefüllte Mont-
golfiere sachte in die Lüfte. Der Hohenzollerische Ballonfahrer, der mit
neun Ballons eine der bundesweit
größten und mit nunmehr 30-jähriger
Firmengeschichte auch eine der ältesten Ballonflotten aufgebaut hat, liebt
die Westströmung. ›Die Alb ist der ideale Luftraum für Ballonfahrten‹. Ein
Freiraum ganz ohne die lästigen Komplikationen in den Ballungsgebieten.
Ein erfahrener Pilot wie er kann das beurteilen. Mehr als 2.200 Ballonfahrten über allen fünf Kontinenten dieser Erde hat er schon erfolgreich hinter
sich gebracht; dabei über 10.000 Mitreisenden das unvergleichliche ›Erlebnis
Schweben in Schwaben‹ ermöglicht. So ein lautlos durch die Luft fahrender
Ballon hat selbst im High-Tech-Zeitalter nichts von seiner Faszination ver-
loren. Grenzenloses Gefühl der Freiheit … Sich hinausträumen aus dem
Alltag … Die Welt unter sich lassen … Dem Diktat der Zeit entgleiten …
Dazu sind 6.000 Kubikmeter Heißluft in einer Kunststoffhülle erforder-
lich. Sie tragen das gepolsterte Flechtwerk des Reiseballons sicher durch
die Lüfte. Von Kältegraden keine Spur, die Brenner sorgen selbst im Winter
für angenehme Temperaturen. Der Blick aus der Vogelperspektive ist groß-
artig. Das liebliche Tal der Fehla, die
Häuserdächer von Gauselfingen,
links am Städtchen Gammertingen
vorbei über Kloster Mariaberg und
die Mäander der schönen Lauchert.
Kinder grüßen winkend herauf. Die
Gammertinger Teilorte Kettenacker
und Geisingen versprechen Einkehr.
Ob hier die feierliche Zeremonie der
Ballontaufe stattfinden wird? Oder erlaubt die starke Drift heute sogar
noch den Blick in den engen Canyon der Zwiefalter Aach? Das genaue Ziel
der luftigen Reise bleibt bis zur Landung unbekannt. Denn das Ziel kennt
nur der Wind.

> **›IM FRÜHTAU ZUM HIMMEL‹ –
> DER CHEF PERSÖNLICH BEDIENT
> DEN BRENNER.**

DIE SCHÖNHEIT des Tales von Fehla
und Lauchert aus der Vogelperspektive zu bestaunen, macht
Lust auf spätere Erkundungs-
touren per pedes und pedalo.
Lohnende Ziele unter:
www.gammertingen.de

Tipp

Superlative in jeder Hinsicht: 1.600 Höhenmeter, 86 Streckenkilometer, 3.000 Teilnehmer, 25.000 Zuschauer. Der Albstadt-Bike-
Marathon kennt nur einen einzigen ernsthaften Konkurrenten,
den Gonso-Albstadt-MTB-Classic. Der bringt – auf halber Stre-
cke – 1.200 Spitzensportler und 20.000 Zuschauer auf die Beine.

WO DAS BIKER-HERZ HÖHER SCHLÄGT

›Summertime is Biketime‹. Jedenfalls in Albstadt. Das Albflüsschen Schmiecha, das in romantischer Abgeschiedenheit seines Unterlaufes zur Schmeie
wird, zieht Fahrrad-Fans magisch an. Ob ›Cross-Country‹-Spezialist,
Marathon-Biker oder ganz einfach nur Frei-
zeit-Radler, zwischen der Sportstadt Albstadt
und der jungen Donau sorgen Natur und Topo-
grafie für ein Höchstmaß an ›Pedalo-Freuden‹.
Einmalig schöne Landschaft, abwechslungsrei-
ches Wegenetz, sportliche Herausforderung. Geradezu ideale Biker-Be-
dingungen für Freizeitsport ebenso wie Hochleistungssport. Beides hat in
der Radhochburg Albstadt schon seit Jahrzehnten Tradition. Hier findet
seit 1995 jährlich der Bike-Marathon statt, der durch alle neun Stadtteile
führt. Hier setzt die Landessportschule mit dem Leistungsschwerpunkt
Kunstradsport seit Jahrzehnten Akzente. Hier ist mit der Marke Gonso
der international renommierte Radsportbekleidungshersteller zu Hause.
Hier waren schon alle Weltmeister, Olympiasieger und nationale Meister
am Start beim alljährlichen Gonso-MTB-Classic, wo der Breitensport mit
dem Hobby ›Kurz-Marathon‹ und der Spitzensport in der olympischen
Disziplin ›Cross-Country‹ sich zu-
sammenfinden. Im großen Rad-
sport-Konzert spielen aber auch die
leisen Töne eine immer größere Rolle. Individuelle Freizeitgestaltung
auf dem Fahrrad ist in. Die Vielzahl
miteinander vernetzter und gut gepflegter Radwanderstrecken hat vor
allem für Familien hohen Freizeit-
wert. Es gibt jeweils – nach Wunsch
und der Kondition angepasst – eine
Fülle reizvoller Ziele. Tourenvorschläge, Streckenkarten, Rucksackdienst,
Radwander-Shuttle und gute Einkehrmöglichkeiten sind selbstverständlich.

DER GUTE RUF DER RADSPORTMETROPOLE ALBSTADT IST WEITHIN VERNEHMBAR.

RAD-WANDER-SHUTTLE erschließen
kostenlos und bequem die Zollernalb. Angereichert mit Tou-
rentipps und Fahrplänen gibt es
ein informatives Kompendium
von Tourenvorschlägen zu
attraktiven Zielen vom naldo –
Verkehrsverbund Neckar-Alb-
Donau. www.naldo.de

Tipp

Der alte Färbermeister taucht ein Stückchen Stoff in die purpurfarbene Flüssigkeit und erhitzt sie. Mit der Pipette hat er zuvor die Mixtur bereitet, ein bisschen Cyan, etwas Gelb und vor allem die Grundfarbe Magenta. »Rot ist am heikelsten«, belehrt er sein Publikum, das sich zwischen den musealen Raritäten drängt.

HIER IST ›DER TRIKOT‹ ZU HAUSE

In der einstigen Textilmetropole denkt man mit Wehmut an noch gar nicht so lange vergangene Zeiten, als man stolz sein konnte auf die höchste Frauenarbeitsquote im Land. Hier schaffte fast jeder ›im Trikot‹. Knapp 400 Textil-Fabriken garantierten in der Raumschaft für ganze Familien Lohn und Brot. In einer einzigen Generation ist die Textilindustrie einschließlich ihrer ›Zulieferer‹ von Nadeln und Strickmaschinen auf weniger als ein Drittel geschrumpft. Einige davon stellten ›ihr Inventar‹ inzwischen dem Museum zur Verfügung. So kam es, dass aus einer Ausstellung ›Menschen, Maschen und Maschinen‹ bei den Heimattagen 1987 eines der vom Schwäbischen Heimatbund gekürten ›Vorbildlichen Heimatmuseen‹ des Landes wurde. Mit den Maschinen siedelte auch so mancher alte Stricker, Färber und Zuschneider aus der Produktion direkt ins Museum über. Der legendäre ›Mechanikerpfarrer‹ bahnte mit seinen ›Uhren, Waagen und Himmelsmaschinen‹ den Weg zur Präzisionsindustrie. Ihm ist auch das Dorfkirchlein gewidmet, das zum Mekka der Feinmechanik wurde. Das ist – ebenso wie die Treue der Albstädter zu ihrem Museum – zweifellos eine Besonderheit. Seit über 20 Jahren kümmert sich ein ehrenamtlicher Arbeitskreis ums Wohl einer kulturellen Einrichtung, die ihresgleichen sucht.

HERZENSSACHE MASCHENMUSEUM: DAS ›KOLLEKTIVE GEDÄCHTNIS‹ DER TRIKOT-FANS

Museumsleiterin Susanne Göbel, von der ersten Stunde an konzeptionell wie organisatorisch hauptverantwortlich, weiß die ambitionierte Unterstützung ›ihrer Männer‹ sehr zu schätzen. Pflege und Wartung des Maschinen- und Geräteparks, Aufsicht, Bewirtung im ›Stüble‹ … Selbst manche Führung bereichert das ›Senioren-Dutzend‹ mit seiner Sach- und Fachkunde. Dass so mancher ›Achtziger‹ mittlerweile das Museums-Café, wenn auch regelmäßig, so doch nur noch als Gast frequentiert, ist kein Grund zur Sorge. Die ›Alten‹ haben mit ihrer Begeisterung längst einen festen Stamm jüngerer Ehrenamtlicher mit ihrer Leidenschaft infiziert.

NÄHMASCHINENMUSEUM. Eine attraktive textile Variante bietet die Firma Mey in Albstadt-Lautlingen. Die 400 Exponate umfassende Sammlung quer durch die zeitgeschichtliche Entwicklung der Nähmaschine ist mit Raritäten ausgestattet. www.mey.de

Tipp

PHILIPP-MATTHÄUS-HAHN-MUSEUM /// **ALBERT-SAUTER-STRASSE 15** ///
72461 ALBSTADT STADTTEIL ONSTMETTINGEN ///
0 74 32 / 2 32 80, 0 74 32 / 2 12 65 /// **WWW.ALBSTADT.DE** ///

›Schwäbischer Pietismus‹ als Triebkraft der frühen Industrialisierung zeigt sich beispielhaft im Philipp-Matthäus-Hahn-Museum in Onstmettingen. Dem legendären ›Mechanikerpfarrer‹ gewidmet, der mit seinen ›Uhren, Waagen und Himmelsmaschinen‹ den Weg zur Präzisionsindustrie bahnte, wurde hier ein Dorfkirchlein zum Mekka der Feinmechanik.

AN DER WIEGE DER WAAGE

Das Irdische auf das Himmlische auszurichten, gab dem entbehrungsreichen Leben auf den kargen Albhochflächen seit jeher Halt und Orientierung. Die Abgeschiedenheit ›hinter den vielen Bergen‹ formte einen Menschenschlag, der sich am christlichen Werte-Kodex ausrichtete und sich – gemäß dem Bibelwort, das in jedem bescheidenen Hauswesen seinen festen Platz einnahm – ›sein Brot im Schweiße seines Angesichtes‹ verdiente. Arbeit vom

DIE ERFINDUNGEN DES GENIALEN PFARRERS BAHNTEN DEM WOHLSTAND DEN WEG.

Morgengrauen bis in die Abenddämmerung. Arbeit als Sinn des Lebens. Arbeit als Vorleistung auf ein besseres Leben im Jenseits. Unter den fünf Themen-Museen der Stadt Albstadt nimmt ›der Onstmettinger Kasten‹, wie er von den Einheimischen liebevoll genannt wird, die ihn in 6.000 freiwilligen Arbeitsstunden museumsreif gemacht haben, eine Sonderstellung ein. Die Zutaten all dessen, was in sprichwörtlichen ›schwäbischen Fleiß‹ mündet, sind hier perfekt präsentiert. Exponate, die an Einmaligkeit in der Welt nicht zu überbieten sind. Die zum überwiegenden Teil aus der weltweit ältesten heute noch produzierenden Waagenfabrik stammen, deren Gründer nach den Konstruktionen aus der Feder von Philipp Matthäus Hahn (1739 – 1790) schraubten, bogen und feilten. An diesen zum Teil noch originalen Werkbänken und Instrumenten schlug die Geburtsstunde der Feinmechanik: Die Hahn'sche Neigungswaage, die Onstmettinger Stubenuhr, die Rechenmaschine, das Wunderwerk der ›Himmelsmaschine‹, die Astronomische Uhr. Dem Genius des Erfinders stand die Geschicklichkeit der heimischen Tüftler zur Seite. Ihr Fleiß und eine heute unvorstellbare Ausdauer bahnten den Weg vom Handwerk über Manufaktur zur Industrieproduktion. Diesen Weg durch die Wirtschaftsgeschichte hat das Onstmettinger Hahn-Museum nachgezeichnet.

DER KLEINE FUSSMARSCH zum einstigen Riedschulgebäude lohnt sich: Der Arbeitskreis Waagen und Gewichte betreut eine Dokumentation der Waagenindustrie. Tel. 07432 / 2 2275

Tipp

HOTEL ZUM SÜSSEN GRUND /// BITZER BERG 1 /// 72458 ALBSTADT ///
0 74 31 / 13 66 66 /// WWW.HOTEL-SUESSERGRUND.DE ///

Die schönsten Plätze auf dem Berg heißen hier ›Ochsenberg‹, ›Fohlenweide‹ und ›Rossberg‹, ›Sandgrube‹ und ›Süßer Grund‹. Und die gleichnamigen Höhengaststätten sind als Stätten gastlicher Einkehr nach getaner Arbeit fest einbezogen in den Lebensalltag der Albstädter.

LANDLUST GEKONNT PRÄSENTIERT

Im ›Hotel Zum Süßen Grund‹ ist die Einkehr genauso erfrischend wie die umgebende Natur. Die Harmonie des Landlebens nimmt den Gast sofort gefangen. Parkartig gruppieren sich Feld, Wald und Wiese um das ausgedehnte Gehöft, friedlich weidende Pferde auf den Koppeln, fröhliche Kinder auf dem Spielplatz, schwirrende Libellen über dem kleinen Teich. Keine fünf Minuten Fahrzeit aus der Mitte Albstadts und schon ist ein Kontrapunkt zur Arbeitshektik erreicht. Ebenso facettenreich wie die Umgebung präsentiert sich das gastronomische Angebot. Kristine Brand und Marcelo Föhr – beide mit der Expertise einer Ausbildung an den Gourmet-Kochtöpfen im Schwarzwälder Genuss-Tempel ›Bareiss‹ und anschließend mehrjähriger

EIN ATTRAKTIVES NAHZIEL ist das Segelfliegerparadies auf dem Luftsportgelände Degerfeld.

Tipp

praktischer Erfahrung in Frankreich und am Bodensee – sind mit Charme und Schwung dabei, ihre Gäste mit Leibgerichten zu verwöhnen. Den Spagat zwischen schwäbischer Hausmannskost und mediterraner Gaumenfreude zu meistern, sieht das junge ›Gastro-Paar‹ als täglich neue Herausforderung an die eigene Kompetenz und Kreativität. »Daran soll's nicht fehlen«, kommentieren beide voller Zuversicht und sehen in einer ganz auf die Wünsche des Gastes abgestimmten Küche den roten Faden, der zum ehrgeizigen Ziel führt. Hauptsache, das Preis-Genuss-Verhältnis stimmt. Dann vertragen sich die gefüllte Kalbsbrust und die Rinderroulade nach Omas Hausrezept auch mit der ›Pasta mediterrana‹ und dem Pesto-Gnocchi ebenso wie der Schwäbische Wurstsalat mit dem Tatar von Räucherlachs. Und das Zimt-Apfel-

ZWISCHEN SCHWÄBISCHER HAUSMANNSKOST UND MEDITERRANER GAUMENFREUDE

küchle rundet sich mit dem Mangoparfait im Baumkuchenmantel zu opulentem Gaumenschmaus. Hauptsache: »Frisch muss es sein, von erstklassiger Qualität und feinwürzig im Geschmack«, postuliert der aus dem Allgäu stammende Küchenchef. »Die Karte darf nicht mehr versprechen als sie hält« – komplettiert mit pfälzischer Gradlinigkeit seine Partnerin das hauseigene Credo.

Melancholie des Vergangenen. Das Stammschloss der Schenken von Stauffenberg in Albstadt-Lautlingen ist ein Ort des Erinnerns. Allerdings nicht nur an frohe Tage der Jugendzeit, die zwei Protagonisten des deutschen Widerstandes hier verbracht haben.

MUSIK IM GELBEN SALON

Aus hohen Fensterflügeln wehen die ersten Takte eines Mozart-Menuetts und verfangen sich in den ausladenden Zweigen einer uralten Rotbuche. Beinahe verschwindet das Ecktürmchen des umfriedeten Schlossparks hinter üppiger Blätterflut. In dieses Rundstübchen hat sich der spätere Widerstandskämpfer gegen das ›Tausendjährige Reich‹ in seinen Kinder- und Jugendjahren mit

GESCHICHTE IM ABSEITS: EIN DORF BESINNT SICH SEINER WURZELN.

Vorliebe zurückgezogen. Vom Rundgang durch Gebäude und Garten inspiriert, kann man sich gut vorstellen, wie der junge Claus von Stauffenberg – vielleicht ja nach einem der beliebten Hausmusik-Konzerte im gelben Salon seiner Mutter Gräfin Caroline – vorbei am glockengezierten Giebelfachwerk des Forsthauses in sein ›Studiertürmchen‹ eilte. Die Lieblingslektüre zur Hand; bevorzugt aus der Feder von Stefan George; die Brüder Berthold und Alexander im ›Kielwasser‹, mit denen er dann den Text diskutierte. Lange dämmerte das Stauffenberg-Stammschloss im Schatten deutscher Geschichtsbewältigung vor sich hin. Erst in den frühen Siebzigerjahren begann die Stadt Albstadt, der großen Geschichte systematisch Zeichen zu setzen.

Die in ihren Besitz übergegangenen Anlagen wurden restauriert. Ein nobler Konzertsaal in den unteren Gesellschaftsräumen, eine hochwertige Sammlung historischer Musikinstrumente in den einstigen gräflichen Privaträumen der drei Obergeschosse … Das ›Lautlinger Schloss‹ ist heute ein Stützpfeiler

MUSIKHISTORISCHE SAMMLUNG JEHLE. Bespielbare Streich-, Blas- und Tasteninstrumente aus verschiedenen Zeit- und Kultur-Epochen, die Bibliothek kostbarer Noten-Handschriften und die komplett eingerichtete Werkstatt eines Geigenbauers.

Tipp

der Albstädter Kultur. Anspruchsvolles ist Programm: Schlosskonzerte, Vorträge, Museumsbetrieb. Zusätzliches Leben erwächst aus der Dorfgemeinschaft: Ein Kreis ehrenamtlich Tätiger gestaltet die Schloss-Scheuer zum Bürgertreffpunkt um, zur echten ›Dorfmitte‹, in der schon auch mal im reichen Anekdotenschatz gekramt werden kann.

1/15   Brigitte Wagner 1997

STADTVERWALTUNG /// HAUPTSTRASSE 9 /// 72469 MESSSTETTEN ///
0 74 31 / 6 34 90 /// WWW.MESSSTETTEN.DE /// WWW.WAGNER-WULF.DE ///

›Herb ist sie und ein wenig spröde‹. In den Radierungen von Brigitte Wagner verdichtet sich das charakteristische Bild der Schwäbischen Alb zum grafischen Muster. Fläche und Linie. Feld und Baum. Licht und Schatten.

LICHTE WEITE – STARKE KONTRASTE

Auf dem Michelfeld in Meßstetten entsteht das Porträt einer Landschaft. Weit weg von der Welt. Es gibt hier in der Stille mehr Koppeln als Gehöfte, mehr Pferde als Menschen und Sternengefunkel ersetzt das Licht von Straßenlaternen. Über dem prächtigen Saum der Buchenwälder wölbt sich lichte Weite. Lange Zeit war die Künstlerin unter der Achalm ›daheim‹, bis sie auf dem Großen Heuberg, wo die Albhöhen am höchsten sind, die Äcker am steinigs-

GESTALTERISCHE KRAFT MACHT AUS DER LANDSCHAFT DAS KUNSTWERK

ten und der Wind am rauesten, ihren ›idealen Ort der Inspiration‹ fand. Beflügelt vom Dreiklang aus Kargheit, Stille und Weite der Hardt-Landschaft, die den Charakter der Höhen über der Oberen Bära prägt. Im Reutlinger Kunstmuseum Spendhaus als einem bevorzugten ›Hort der Grafik‹ genießt die Künstlerin einen festen Platz. In der viel kleingliederigen Atmosphäre des städtischen Getriebes setzen ihre stillen Metaphern der Landschaft den starken Kontrast. Tief mit dem Stichel in die Kupferplatte gegrabene Symbolik, die ihre Transparenz aus der Schattierung der Druckerschwärze in der Presse gewinnt bis zur weichen, beinahe schon malerischen Dimension. Wolkenschatten über einer Blumenwiese, im Maiengrün schimmernde Albkuppen oder der geheimnisvolle Glanz eines Schneefeldes kommen erst im Abdruck auf weichem Büttenpapier zur vollen Geltung. Den Werdegang eines neuen Kunstblattes zu verfolgen, ist genauso spannend wie der Dialog mit dem künstlerischen Œuvre in einer Vernissage. Brigitte Wagner lässt sich gerne über die

MESSSTETTEN hat einige ›touristische Eisen im Feuer‹: Das Familien-Feriendorf Tieringen, das Natur- und Erholungsparadies am Stausee, ein Naturerlebniszentrum und das Wildgehege am Truppenübungsplatz, und drei kleine aber feine Heimatmuseen.

Tipp

Schulter schauen. Vom Atelierbesuch auf dem Fehlochhof, im Werkstattgespräch und an der Druckerpresse – nach Anmeldung jederzeit möglich und stets willkommen – profitiert der Besucher sogar doppelt, falls er dem Kunstgenuss eine Wanderung folgen lässt ins stille Abseits der Holzwiesen und lichten Buchenhaine auf dem Michelfeld, wo die Alb noch ihre ursprüngliche herbe Schönheit bewahrt hat.

STADTVERWALTUNG BALINGEN /// FÄRBERSTRASSE 2 /// 72336 BALINGEN ///
0 74 33 / 17 01 19 /// WWW.BALINGEN.DE ///

Der Fensterblick aus einem der prächtigen Bürgerhäuser an der Friedrichstraße assoziiert ein Bild aus dem Fin de Siècle. Schlendern, schwätzen, schlürfen zwischen Pflanzkübeln, Straßenkunst und Terrassencafé. Sehen und Gesehen werden.

FLANIEREN AUF DER ›BALINGER KÖ‹

Die Kreisstadt an der Eyach strahlt eine heitere, heimelige Atmosphäre aus. Der Hauch von Lebensart mag an der prächtigen Umgebung liegen. Bellevue, wohin man schaut. Nach Süden mit Hörnle, Lochen, Schafberg und Plettenberg die ›Balinger Berge‹, nach Osten der lang gezogene Albrücken mit der markanten Krönung durch den Hohenzollern, nach Westen der grüne Gürtel des ›Kleinen Heuberg‹. Könnte es einen schmuckvolleren Rahmen geben für den ›gotischen Pfeiler‹ der Stadtkirche und die Fachwerkpracht des ›romantischen Trios‹ Stadtturm-Zollernschloss-Zehntscheuer? Liebevoll wurden diese prägenden Orientierungspunkte des Balinger Alltags restauriert und saniert. Es war gemeinschaftliches bürgerliches Anliegen, das Flair des über 750 Jahre alten Gerber- und Färberstädtchens möglichst authentisch zu erhalten und sicher zu stellen, dass ›Klein-Venedig‹ an der Eyach eben nicht zum historisch überlieferten Etikett verkommt. Die Identifikation mit der Stadtgeschichte zieht sich quer durch Generationen und Gesellschaftsschichten. Balingen bietet – weniger von oben ›verordnet‹ als von unten gewachsen – ›Szene für alle‹: Die Jungen engagieren sich in Szene-Treffs wie ›Bären‹, ›Sonne‹ oder ›Südbahnhof‹ und die Älteren treffen sich beim Engagement für Stadtverschönerung und geben dem ›Spektrum Sport‹ in allen Variationen Rückhalt. Bis hin zur Handball-Bundesliga. Gemeinsam beteiligen sie sich aber alle am Erhalt einer ›stadteigenen Kultur‹. Bestes Beispiel sind die Opern-Eigenproduktionen der Stadthalle Balingen, in denen Jung und Alt erfolgreich zu beweisen suchen, dass der Mensch an seinen Aufgaben wächst. Bis hin zur Theatertauglichkeit. Vielleicht trifft man sich deshalb so gerne auf der ›Balinger Kö‹.

BALINGEN ERGEHT SICH IM BÜRGERLICHEN SONNTAGSRITUAL.

SPAZIERGANG entlang der Eyachpromenade: Der Gewässerlehrpfad von der Wehranlage unterhalb des Zollernschlosses bis zum Au-Stadion bietet historisch wie naturkundlich anschauliche Perspektiven.

Tipp

STADTHALLE BALINGEN /// HIRSCHBERGSTRASSE 38 /// 72336 BALINGEN ///
0 74 33 / 9 00 80 /// WWW.STADTHALLE.BALINGEN.DE ///

›Sehen wir uns?‹ Die positive Antwort des Publikums gehört ebenso wie die rhetorisch gestellte Frage seit 30 Jahren zum Programm. Seit die Stadthalle Balingen mit international beachteten Ausstellungen den ›Königsweg Kunst‹ eingeschlagen hat, ist die Kreisstadt im Zugzwang. Erfolg verpflichtet.

DAS KUNSTWUNDER IN DER STADTHALLE

›Das Wunder von Balingen‹ ist statistisch belegt. 15 Kunstausstellungen von internationalem Renommee zogen über eine Million Besucher ins bis dato ›kulturelle Niemandsland‹. Einfach unglaublich. Die staatlich subventionierten Musenhüter der etablierten Bastionen bildender Künste blicken einigermaßen irritiert in die Provinz, wo vertraute Abläufe des Kunstbetriebes erkennbar auf den Kopf gestellt wurden. Wo die ›Hemmschwelle Kunst‹ erfolgreich bis auf das Niveau von ›Otto Normalverbraucher‹ gesenkt und mit teilweise zuvor nie gezeigten Werken von Chagall über Miró und Monet bis Picasso weltweit Beachtung fanden. Bis zu 100.000 Besucher aus ganz Deutschland ließen sich jeweils alle zwei Jahre in der Sommersaison vom ›Balinger Ruf‹ erreichen und machten damit das eigentlich Unmögliche wahr. ›Ein Märchen‹, benennt Stadthallenchef Ulrich Klingler seine ganz persönliche Erfolgsstory. Nicht nur eine gute Fee habe dabei Pate gestanden. Was ein junges, dynamisches Organisationstalent mit einem ›Händchen für den Kulturbetrieb‹ und ein Romanist mit einem Faible für klassische französische Moderne und dem Entree zu den Depots großer ›Künstlerfamilien‹ zu Wege brachten, ist mittlerweile Geschichte. Kurator Roland Doschka hat sich inzwischen altershalber aus dem Balinger Engagement zurückgezogen. Der Geschäftsführer des Balinger Kulturtempels beschreitet nun wieder neue Wege, um den Stellenwert der Stadthalle Balingen als kulturellen und gesellschaftlichen Glanzpunkt der Region zu erhalten. Mit Gustav Klimt stand 2010 die Wiener Sezession im Fokus. Erstmalig in Deutschland wurde sein berühmter ›Beethovenfries‹ in einer originalgetreuen Kopie allgemein zugänglich. Der Begriff Highlight ist wörtlich zu nehmen: Das Hohelied auf die Frauen und den Jugendstil passte zur Wiedereröffnung der Stadthalle Balingen nach grundlegender Sanierung ›wie gemalt‹.

DAS HOHELIED AUF DIE FRAUEN UND EINE ANZIEHENDE HOMMAGE AN DIE KUNST

Tipp

WEITERE LICHTBLICKE im Balinger Kulturangebot beherbergt das Museum für Waage und Gewicht im Zollernschloss, die Zehntscheuer und die Rathausgalerie.

Hoch oben auf den bombastischen Muschelkalkfelsen des pittoresken Felsen- und Fliederstädtchens Haigerloch führen Apoll und Lukull als Gottheiten der Künste und der Küche gemeinsam Regie.

STILVOLL GENIESSEN IM EDLEN AMBIENTE

Das Außergewöhnliche schätzt den besonderen Rahmen. Gastschloss Haigerloch bietet beides. Dieses Credo des Unternehmensgründers und Kunstmäzens Paul Eberhard Schwenk – besiegelt vor 35 Jahren mit dem Kauf des teilweise als Landesverwaltungsschule genutzten Schlossareales – ist für seine Erben ein verpflichtendes Vermächtnis. Bei Drogan Rogic und Siegbert Kugler wissen sie ihre Maxime bestens aufgehoben, der Hotelchef sorgt seit 27 Jahren, der Küchenchef nunmehr im 20sten Jahr fürs gastliche Wohl im wiederholt ausgezeichneten Dreisternehotel. In vier imposanten Gebäudekomplexen und in der Galerie auf dem Schlossfeld warten Foyers, Säle, Tagungs- und Ausstellungsräume mit technischem und ästhetischem Komfort auf ihren Nutzer. Nicht einmal der ›Haigerlocher Schlossgeist‹ fehlt im Komplett-Angebot. Im Gastschloss präsentiert er sich allerdings nur von seiner harmlosen Seite und in Gestalt von hundert hilfsbereiten und serviceerfahrenen Mitarbeitern. Dass so ein anspruchsvolles Umfeld auch der ›Koch-Brigade‹ Höchstleistung abverlangt, ist keine Frage. Siegbert Kugler, soeben mit Jakobsmuscheln auf Alblinsen ein Fest fürs Auge zelebrierend, während der Kollege aus dem Acht-Mann-Team die Barberie mit der Zitronenkonfitüre und daneben das Spargelragout drapiert, gibt der Kreativität die maßgebende Rolle. »Inspiration durch immer neue Anregungen« umschreibt er sein Konzept. ›Leicht und frisch‹ bringt sein Motto auf den Punkt, das von der hohen Frequenz durch die Kombination Tagungshotel und Tagesgastbetrieb profitiert. Selbst ein Freund der kräftigeren Genüsse – beim Gedanken an Rindsroulade, Schmorbraten und gefüllte Kalbsbrust huscht ein Strahlen über sein Gesicht – präferiert er auf dem Teller des Gastes die einfallsreiche leichte Küche. Die exquisite Fischküche ist dabei so gängig wie die Biokräuter aus dem eigenen Felsenbeet oder die hauseigenen Spalierbirnen als gelegentliches Schmankerl.

> **80.000 QUADRATMETER WOHL-FÜHLAREAL FÜR KÖRPER, GEIST UND SEELE**

ATOMKELLER-MUSEUM Die ›Kernspaltung im Bierkeller‹ ist Wissenschaftsgeschichte. Im Höhlenforschungslabor unter der Schlosskirche wird sie anschaulich. www.haigerloch.de

Tipp

BURG HOHENZOLLERN /// 72379 BURG HOHENZOLLERN /// 0 74 71 / 24 28 ///
WWW.BURG-HOHENZOLLERN.COM ///
GEMEINDE BISINGEN /// HEIDELBERGSTRASSE 9 /// 72406 BISINGEN ///
0 74 76 / 89 60 /// WWW.GEMEINDE-BISINGEN.DE ///

Das Licht der Wohltätigkeit reflektiert im Prunk des Grafensaales. Die Anzahl der flammenden Kerzen an den mächtigen Kronleuchtern wetteifert mit den strahlenden Augen der illustren Gästeschar. Das Haus derer von Hohenzollern gibt sich die Ehre und an die 300 hochrangige Adels-, Amts- und Würdenträger folgen der Einladung.

DIE PRINZESSIN LÄSST BITTEN

Das Septemberkonzert der Prinzessin Kira von Preußen-Stiftung ist der absolute Höhepunkt im Jahreskalender der Burg Hohenzollern. Charity mit höchstem gesellschaftlichen Anspruch, die im zurückliegenden halben Jahrhundert schon über 13.000 Kindern und Jugendlichen aus sozial benachteiligten Gesellschaftskreisen zuteil wurde. Für junge Menschen, die eine oder

MIT JÄHRLICH 300 000 BESUCHERN STEHT BURG HOHENZOLLERN AN DER SPITZE DER TOURISTEN-ATTRAKTIONEN IM LAND.

zwei Sommerferienwochen in einer der imposantesten Burganlagen Deutschlands erleben dürfen, ist ein wahrhaft königlicher Traum wahr geworden. Prinzessin Kira von Preußen, die Gattin des Kaiserenkels Prinz Louis Ferdinand und Großfürstin aus der Zarenfamilie Romanow, hatte in den Nachkriegsjahren das Stiftungsziel auf den Erholungsaufenthalt von Kindern aus dem Großraum Berlin ausgerichtet. Inzwischen hat sich die Zielgruppe geradezu spektakulär erweitert. Unter den jeweils etwa 200 jungen ›Zollern auf Zeit‹ befinden sich Waisenkinder aus New York, deren Eltern dem Anschlag vom 9. September 2001 auf die Twin-Towers zum Opfer gefallen sind. Und sogar das mutige Experiment einer israelisch-palästinensischen Gruppe Jugendlicher hat sich eindrucksvoll bewährt: Bestens versorgt mit allem, was dem leiblichen und dem seelischen Wohl förderlich ist, können die jungen Menschen

›TRAUFGÄNGER‹ SIND WILLKOMMEN.

Ein Albstädter Premium-Wanderweg führt zum schönsten ›Burgblick‹ aufs Zellerhorn. Originelle Stärkung am Wegesrand: Die ›Hohenzollern-Lanze‹ im ›Stich-Wirtshaus‹ direkt nach dem Albaufstieg.

Tipp

das ›Leben auf der Burg‹ kennenlernen und genießen. Die ›Königskinder auf Zeit‹ wohnen im Wehrflügel über der Schloss-Schenke. Ein spannendes Ferienprogramm – von Burgführung über Ritterspiele und Ausflüge bis zur Eigenproduktion eines Musicals – sorgt für unvergessliche Erinnerungen.

RÖMISCHES FREILICHTMUSEUM /// GARTENSTRASSE 11 ///
72379 HECHINGEN-STEIN /// 0 74 71 / 64 00 /// WWW.VILLA-RUSTICA.DE ///

Villa Rustica und Preußens Gloria auf einen Blick. Unter den Arkaden des Römischen Freilichtmuseums Hechingen-Stein blickt man im Zeitraffer auf europäische Geschichte. 1.800 Jahre schrumpfen auf Steinwurfweite.

WIE EINST IM ALTEN ROM

›Nichts ist zu schwierig, als dass es nicht durch Nachforschungen aufgespürt werden könnte.‹ Der römische Dichter Terentius Afer, dessen Zitat den Weg zu einer der bedeutendsten römischen Siedlungen im deutschen Südwestens weist, scheint mit Gerd Schollian ein wichtiges Gen zu teilen, das den menschlichen Fortschritt vorantreibt: die Neugier. Die Entdeckerfreude des einstigen Bürgermeisters hat die historische Bedeutung des Hechinger

DAS ABENTEUER ›VILLA RUSTICA‹ IST AUCH EIN HOHELIED AUFS EHRENAMT.

Ortsteils Stein im Wortsinne ›aus dem Boden geholt‹. Ein paar Wegspuren im waldigen Berghang über dem Flüsschen Starzel, ein paar seltsame Steinbrocken und Tonscherben, die alten Geschichten der Großväter und der etwas seltsame Flurname ›Acelis-Garten‹ entzündeten seine Fantasie und weckten die Leidenschaft zum Forschen und Graben. Das Abenteuer ›Villa Rustica‹ begann um 1970 und führte schon bald zur Gründung eines Fördervereins, der heute ›von Hamburg bis Hawaii‹ über 400 Mitglieder zählt. Nach seiner Gründung im Jahre 1978 ist das ›Römische Freilichtmuseum Hechingen-Stein‹ mit jährlich bis zu 30.000 Besuchern aus aller Welt eine der Attraktionen der baden-württembergischen Museumslandschaft. Auch hier profitiert die noch lange nicht zum Abschluss gekommene wissenschaftliche Erkundungsarbeit vom ›typisch schwäbischen‹ Beschäftigungsverhältnis ehrenamtlicher Mitarbeit. Das Team um den mittlerweile ›in römischen Diensten‹ ergrauten Pensionär Schollian gräbt und sammelt, sichert und sorgt gemeinsam mit Tübinger Fachexperten für an-

DAS RÖMERFEST in der ›Villa Rustica‹ – in zweijährigem Turnus jeweils am dritten Wochenende im August veranstaltet – zählt zu den größten antiken Freiluftveranstaltungen Südwestdeutschlands.

Tipp

haltenden Forschungserfolg, indem es mit unablässigem Elan während der Touristen-Saison von April bis November die notwendigen ›Sesterzen‹ erwirtschaftet. Dazu werden die freigelegten und rekonstruierten Gebäude und Fundstücke rund um die imposante Portikusvilla ihrem ursprünglichen Zweck entsprechend mit Leben erfüllt.

›Jottwehdee‹ ist ganz weit draußen. Wo man noch sagen kann, was man denkt. Wo man den lieben Gott einen guten Mann sein lässt. Wo die Welt manchmal ganz lustig ist und die Schwaben ihre ganz besondere Eigenart ungeniert ausleben. ›Jottwehdee‹ ist Theater im Lindenhof Melchingen.

LEIDENSCHAFT AUF SCHEUNENBRETTERN

Die Hochfläche der Schwäbischen Alb ist eine Gegend zum Sinnieren. Der Rest der Welt ist ›irgendwo da unten‹ und die Sterne sind zum Greifen nah. Die Theaterleute auf Schwabens höchster Bühne haben sie sicherheitshalber gleich auf ›die Bretter, die die Welt bedeuten‹ geholt.

KENNER TRINKEN WÜRTTEMBERGER AUF SCHWABENS HÖCHSTGELEGENER BÜHNE.

In 25 Jahren ist es ihnen tatsächlich gelungen, in einem Albdorf ›Jottweedee‹ das einzige deutsche Regionaltheater dauerhaft zu etablieren. Der Schlüssel zum Erfolg liegt wohl in der Synthese von leidenschaftlicher Schauspielkunst und bodenständiger Verwurzelung auf harten Scheunenbrettern und steinigem Ackerboden rundum. Wie die legendären ›Sieben Schwaben‹ haben die Lindenhöfler aus Melchingen eine an Theaterfreuden bestimmt nicht überschäumende Region erobert. Die schwäbische Seele mit dem literarischen Vermächtnis eines Thaddäus Troll als Faustpfand im Handgepäck. ›Kenner trinken Württemberger‹ als Etikett oben drauf, zieht die ›Lindenhöfler Obrigkeit‹ Bernhard Hurm und Uwe Zellmer heute noch höchstselbst in ›Mission Kleinkunst‹ quer durch die Festhallen in Land und Stadt und gewährt dem verehrten Publikum einen Blick in den Spiegel seiner eigenen Schwabenseele. ›Die Drei vom Dohlengässle‹ stehen den Theater-Chefs weder in Reisefreudigkeit noch geistreich-derber Spielfreude nach. Über eine Million Zuschauer kamen in über 5.000 Veranstaltungen schon in den von Alltagssorgen befreienden Genuss komödiantischer Premium-Qualität. »Mit minimaler Ausstattung Maximales schaffen« nennt das die Theater-Truppe. Und die ›schwäbische Thalia‹ hat in 400 Aufführungen pro Jahr nicht nur einmalige Triumphe, sondern auch nimmermüden Ideenreichtum und Stehvermögen zu feiern. Der höchst verdiente Preis für unglaublich viel Fleiß: Sogar in der Landeshauptstadt weiß man mittlerweile: ›Falls jemand zufällig gerade einmal die Wahrheit sucht, der begebe sich auf die Albhochfläche nach Melchingen.‹

DEM KULTURGENUSS ebenbürtig ist der Albgold-Kräutergarten im benachbarten Trochtelfingen. www.albgold.de

Tipp

An Gammertingen führt kein Weg vorbei. Das ist keine Übertreibung, sondern seit über hundert Jahren verkehrsbedingt Realität. Gammertingen ist im Schienennetz der Hohenzollerischen Landesbahn der Dreh- und Angelpunkt. Und als Ausgangs- und Zielstation reizvoller Alb-Touren ein guter Reise-Tipp.

›FREIE FAHRT‹ INS GRÜNE HERZ DER SCHWÄBISCHEN ALB

Sonntagsruhe. Das beschauliche Flair des einstigen Oberamtsstädtchens sonnt sich zwischen Gleisanlagen und abgestellten Güterwaggons. Schienenromantik pur. Der Rucksack-Tourist mit seinem Fahrrad vor der Fahrplan-Anzeige komplettiert das nostalgische Stillleben.

SCHIENENROMANTIK AUF DER ZOLLERNALB

Doch plötzlich kommt Bewegung in die Szene. Eine Glocke schrillt, die Weiche ächzt, und schon schnaubt eine Dampflok ihre weiße Wölkchen um die Kurve. Bahn-Nostalgie ist ›in‹. Den Reisewagen aus der Nachkriegszeit entsteigen sichtlich begeisterte Passagiere. In der Gegenrichtung wartet schon der Schienenzug modernster Generation. Nachdem die Fahrgäste ihre Drahtesel fest verstaut und im bequemen Polster Platz genommen haben, geht's ab. Bahnhofsvorsteher Leipert, mit seinen über 40 Dienstjahren bei der ›Hohenzollerischen‹ ein Eisenbahner alter Schule, gibt höchstpersönlich das Signal ›Freie Fahrt‹. Dieselbetrieben tuckert der ›Rad-Wander-Shuttle‹ entlang der Lauchert in sanftem Anstieg durchs Sommergrün hinauf auf die Höhen der Mittleren Alb. Und mit ihm ziehen über hundert Jahre Bahngeschichte im Zeitraffer vorüber. Die großartige Leistung der Bahnpioniere, die die Bewohner der Alb mit jedem neuen Streckenkilometer aus ihrer topografisch bedingten Abgeschiedenheit befreiten, wird sichtbar. Jede Station lockt mit der jeweils besonderen Schönheit ihrer Landschaft und lokalen Sehenswürdigkeiten. Das einstige Kloster Mariaberg mit seinem reichhaltigen Kulturprogramm, das hohenzollerische Trochtelfingen mit dem malerischen Schloss über dem alten Stadtkern, der beeindruckende Albgold-Kräutergarten, die Haidkapelle … Am pittoresken Bahnhof Kleinengstingen wartet – so man den spontanen Besuch des Automuseums nicht vorzieht – schon der ›Ulmer Spatz‹ zur Weiterfahrt durchs Tal der Großen Lauter nach Münsingen.

> **Tipp**
>
> Ein echter Bahn-Freak komplettiert die sonntägliche Alb-Überquerung und fährt weiter durchs **TAL DER SCHMIECH** bis nach Schelklingen und Ulm. Passende Rückfahrmöglichkeiten fahrplanmäßig garantiert.

Auf der Suche nach der schwäbischen Seele fehlt es im Land der Dichter und Denker nicht an kundigem Geleit. Ob faktenbezogen in Chronisten-Pflichterfüllung oder lyrisch verklärt in poetischer Umschreibung – namhafte Geschichtsschreiber, Sagen-Sammler und Märchenerzähler weisen den Weg. Zielsicher führen Schwabens literarische Größen heraus aus der schaffigen Betriebsamkeit des Neckartales durch enge Talschluchten von Erms und Echaz hinauf bis auf die Mittlere Alb.

HIER SCHWELGT DIE SCHWÄBISCHE SEELE

Zufällig ist die Dichte literarischen Schaffens auf und über die Alb keineswegs. Mit der ›Blauen Mauer‹ haben einst Schwabens Geistesgrößen schon in der Studentenzeit aus dem ›Tübinger Stift‹ Blickkontakt geschlossen und – von Eduard Mörike bis Friedrich Hölderlin, von Wilhelm Hauff bis Gustav Schwab, von Hermann Hesse bis Ludwig Uhland – in unzähligen Variationen zum Thema gemacht. Den Liebhabern der Alb-Literatur geht der Stoff daher so schnell nicht aus. Mit ›Rulaman‹, ›Lichtenstein‹, dem ›Stuttgarter Hutzelmännlein‹ sind die traditionellen ›Trendsetter‹ nach wie vor hoch im Kurs.

Graf Eberhards Reich empfängt seine Gäste in landestypischer Bescheidenheit, ja in geradezu sprichwörtlich vornehmer Zurückhaltung. Die Sonnenstuben der Reutlinger und Münsinger Flächenalb, die Waldeinsamkeit der Zwiefalter Kuppenalb, die Wacholderhänge und Flussauen des Großen Lautertales, die Uracher Felsenschluchten liegen durchweg ›im Abseits‹. Vor allem der nördliche Steilabbruch des Albtraufes fordert vom Besucher nach wie vor den sportiven Tribut. Bevor die von Jurameer und Eiszeit-Gletschern über Millionen von Jahren gestalteten Höhenzüge ihre verborgenen Reize frei geben, muss man sie zunächst auf heute gut ausgebauten Straßenkilometern in lang gezogenen Windungen und engen Kehren ›erobern‹. Doch der Lohn der Mühe ist garantiert.

Mit ›Mythos Schwäbische Alb‹ thematisiert die Touristikgemeinschaft des Landkreises Reutlingen Geheimnisvolles und präsentiert mit dem ›Herzstück der Alb‹ selbstbewusst eine an landschaftlichen, landesgeschichtlichen und literarischen Preziosen reich gefüllte Schatzkiste. Die vor zwei Jahren in den illustren Kreis der Biosphärengebiete aufgenommene Mittlere Alb – Träger des Zertifikates ›UNESCO-Geopark‹ – kann mit bemerkenswerten Natursehenswürdigkeiten glänzen und präsen-

tiert sich als eigenständiger Lebens- und Kulturraum. Als ›Wurzelgrund
der württembergischen Lande‹ kann sie zusätzlich noch einen wesent-
lichen Beitrag zur Landesgeschichte für sich reklamieren. Die einstige
Residenzstadt Bad Urach ist die Wiege des württembergischen Königrei-
ches und hat – am Stadtbild noch heute erkennbar – mit den ›historischen
Pfunden‹ bestens gewuchert.

Weniger bekannt, doch nicht minder bedeutsam ist die landesgeschichtli-
che Sonderstellung der einstigen Oberamtsstadt Münsingen, die ihren besonderen Ruf bereits im 15. und 16. Jahrhundert begründete, als sie zum
Sommersitz des Stuttgarter Hofes erkoren wurde und in Zeiten der Pes-
tilenz dem königlichen Hofstaat gute Dienste leistete. Dass der Grund-
stein für das vereinigte Königreich Württemberg mit der Vertragsunter-
zeichnung in Münsingen gelegt wurde, mag heute nur noch als Marginalie
an der Schlossfassade erkennbar sein. Die Tatsache aber, dass in diesem
›Münsinger Vertrag‹ den Ständen erstmals eigene Rechte eingeräumt wurden und er damit als ein Vorläufer der demokratischen Verfassungsgrund-
lage gelten kann, ist im Unterschied zum verblichenen höfischen Glanz
von bleibendem Wert. Entsprechendes gilt für die über hundertjährige
Rolle Münsingens als Garnisonsstadt ›Schwäbisch Sibiriens‹. Mittlerweile
zwar auch nur noch Geschichte, erlebt diese ›glorreiche‹ Vergangenheit
heute als Biosphärengebiet eine höchst unerwartete aber bemerkenswerte
Renaissance.

Der ehemalige Truppenübungsplatz Münsingen ist das Herzstück im
ersten Biosphären-Reservat Baden-Württembergs und darf für sich den
Rang einer weltweit einmaligen Kulturlandschaft beanspruchen. Ein
Schutzraum für nahezu ausgestorbene Tier- und Pflanzenarten und ein
unschätzbares Naturbiotop. Eine Hauptrolle bei dessen Pflege und Er-
haltung spielt übrigens das Albschaf, wie auch der Albbüffel, die Alb-
schnecke oder die Alblinse. Denn die wirtschaftliche Nutzung der
natürlichen Ressourcen ist eine wesentliche Aufgabenstellung im Biosphärengebiet. Und so leisten die Nutztiere, die Dinkeläcker und Linsen-
felder, die Streuobstwiesen, die Kräutergärten und Bienenstöcke selbst in
ihrer schmackhaften Verwertung durch die Gastromie einen entscheiden-
den Beitrag zum Erhalt der Kulturlandschaft. Das ›Albhof-Programm‹ ist
nur ein Beispiel für viele positive Engagements unter dem Motto ›Schützen und Nützen‹. Da passt – last not least – die landesgeschichtlich wie
züchterisch herausragende Rolle des Haupt- und Landgestütes Marbach
bestens ins Profil. Mit den ›königlichen Rössern‹ rundet sich der ›Mythos
Alb‹ programmkonform zum wahren ›Garten Eden‹.

TOURIST-INFO RATHAUS UNDINGEN /// HAUPTSTRASSE 2 ///
72820 SONNENBÜHL-UNDINGEN /// 0 71 28 / 9 25 18 ///
WWW.SONNENBUEHL.DE ///

Sonnenbühl beansprucht im Alb-Tourismus eine Spitzenposition. Mit Vorzugsklima, Naturwundern und Freizeitattraktionen in erstaunlicher Bandbreite behauptet das ›Gemeindequartett‹ auf der Reutlinger Alb den Sonnenplatz. Doch auch unter der Erdoberfläche gibt es Außergewöhnliches zu sehen.

SOMMERFRISCHE MIT HÖHLENZAUBER

Die halbstündige Führung durch rund 300 Meter grandios versteinerte Unterwelt-›Architektur‹ ist so märchenhaft wie die Geschichte ihrer Entdeckung. Ein Schulmeister aus Erpfingen sammelte dereinst Baldrianwurzeln im Bergwald. Dabei lösen sich Steinbrocken und geben ein Erdloch frei. Sein silbernes Schnupftabaksdöschen **ABENTEUER BÄRENHÖHLE** fällt vor Schreck aus der Jackentasche und verschwindet direkt vor ihm in der Tiefe. Schaudernd erkennt er im Dunkel ein Menschenskelett … Da hat sich die gute Fee an der Wiege des Fremdenverkehrs auf der Alb ein wahrhaft fantasiereiches ›Taufgeschenk‹ einfallen lassen. Und wenn der Blondschopf Felix bei der Höhlenführung diese spannende Story von der Entdeckung der Karlshöhle am 30. Mai 1834 erzählt, kann es seinen Zuhörern ganz schön gruselig werden. Beruhigend nur, dass sich an diesem ungewöhnlichen ›Bestattungsort‹ 20 Meter unter der Erdoberfläche heute keine menschlichen Überreste mehr befinden. Doch ein eigenartiges Gefühl ist es schon, zwischen versinterten Wirbeln, Beckenknochen und übersinterten Schädeln der Höhlenbären durch diesen Millionen Jahre überdauernden ›Vorzeit-Friedhof‹ zu wandern. Das bis 1949 weitgehend der wissenschaftlichen Erkundung vorbehaltene Gesamtensemble der Erpfinger Höhlen wurde mit der Entdeckung der eigentlichen Bärenhöhle systematisch der touristischen Nutzung zugeführt. Schritt für Schritt entstand aus einem der beliebtesten Ausflugsziele im Lande das ›Traumland‹. So nennt sich der Familien-Freizeitpark mit Riesenrad und Märchengarten über

> **Tipp**
>
> **VOM KÄLTEPOL ZUM SONNENPARADIES** – auf den Spuren der Klimageschichte. Zwölf Stationen auf einem 9-km-Rundweg rund um die Sonnenalb mit einem Abstecher ins Revier des Albwetterfrosches nach Engstingen. www.sonnenbuehl.de

der Bärenhöhle. Mit dem Feriendorf Sonnenmatte, mit Jugendherberge, Campingplatz, Sommer-Bobbahn, 18-Loch-Golfturnierplatz und Wanderreitstation empfiehlt sich der Luftkurort Sonnenbühl im Gesamten als ›Traumland‹ in Sachen Erholung.

ROMANTIK HOTEL & RESTAURANT HIRSCH /// IM DORF 12 ///
72820 SONNENBÜHL-ERPFINGEN /// 0 71 28 / 9 29 10 ///
WWW.RESTAURANT-HOTEL-HIRSCH.DE ///

Auf dem Sonnenbühl hat Lukull eine feste Adresse. Im ›Hirschen‹ zu Erpfingen hat er sich niedergelassen und genießt aus vollen Zügen die Freuden eines Romantik-Hotels, dessen Renommee schon seit mehr als zwei Jahrzehnten auf den kulinarischen Kreationen und dem Rundum-Wohlfühlangebot von Sternekoch Gerd Windhösel und seiner Frau Silke ruht.

LORBEER UND OLEANDER – LUKULL AUF DEM SONNENBÜHL

Vom persönlichen Tête-à-Tête mit dem Götterboten des Genusses kann der Gast gleich zweifach profitieren, wenn er – flankiert von Lorbeer und Oleander – das von Deutschlands Küchenpäpsten empfohlene Haus betritt. Geht er nach links zur ›Dorfstube‹ mit dem einladenden Flair altrosa-samtblauer Romantik vor honigfarbenem Holzgetäfel, erwartet ihn die gut-bürgerliche Variante einer ganz auf Spezialitäten der Heimat ausgerichteten würzig-schmackhaften Kost. Die Vorsilbe ›Alb‹ schmückt hier die allermeisten Zutaten: Vor Köstlichem mit Alb-Büffel, Alb-Lamm, Alb-Linsen und Alb-Spätzle das ›amuse-gueule‹ mit albkräuter-gewürztem Alb-Rohmilch-Käse. Ins schwäbische Küchen-ABC von Maultaschen über Kartoffelsalat bis Fleischküchle darf sich schon auch der badische Bodenseefelchen einschmuggeln. Der Chef legt auf diese ›rustikale Regionalküche‹ in seiner ›Dorfstube‹ genauso viel Wert wie auf den erlesenen Gaumenschmaus im ›Feinschmeckerrestaurant‹. Seit 1985 nach Lehr- und Wanderjahren unter den Fittichen namhaftester Koch-Künstler im Familienbetrieb hat er das elterliche Gasthaus in der Erpfinger Ortsmitte 1989 übernommen, das Ambiente nach allen Regeln der Gastkultur ausstaffiert und seinen Michelin-Stern ohne Unterbrechung seit 17 Jahren verteidigt. Die kulinarische Wahl überlässt er dem Gast. Der kann die besonderen Stunden und Anlässe mit dem stilvollen I-Tüpfelchen erlesenen Gaumen-Raffinements krönen. Edle saisonal wechselnde Kreationen, festliche Menues, außergewöhnliche Büffets – auf Wunsch umrahmt mit stimmungsvollem Programm – sollen Geschäftsjubiläum oder Familienfeier unvergesslich machen. Und das Service-Team der Chefin – ums Wohl des ›Sonnenbühl-verwöhnten Gastes‹ stets besorgt – setzt mit sensibel dem Anlass und dem Anspruch der Küche angepasster Dekoration zusätzliche Akzente.

> **OB DEFTIG-REGIONAL ODER ELEGANT-AUSGEFALLEN – ALLES SCHMECKT.**

DAS OSTEREIMUSEUM – die kleine aber feine Kulturkunde ist nur wenige Schritte vom ›Hotelrestaurant‹ entfernt. Tel. 07128 / 774

Tipp

GEMEINDE HOHENSTEIN /// IM DORF 14 ///
72531 HOHENSTEIN-ÖDENWALDSTETTEN /// 0 73 87 /9 87 00 ///
WWW.GEMEINDE-HOHENSTEIN.DE ///

Schaffe, spare, Häusle baue … Aus Hohenstein könnte die Schwabenhymne stammen. Fünf blitzsaubere Dörfer. Jedes einzelne mit einem unverwechselbaren Gesicht. Doch alle haben etwas gemeinsam. An nebelfreien Tagen – und davon haben sie laut Prospekt mit die allermeisten im Ländle – strahlen sie das aus, wonach sich der stressgeplagte Mensch der Moderne am meisten sehnt: Ruhe, Beschaulichkeit, heile Welt.

VON STETTEN ÜBER STETTEN NACH STETTEN

In den Erzählungen ihres Heimatdichters Hans Reyhing, dem die Hohensteiner im Teilort Bernloch liebevoll eine eigene Gedenkstube widmen, ist der fleißig-genügsame, dem Jahresrhythmus angepasste Lebensalltag der Landbevölkerung auf dem Weg ins Industriezeitalter beschrieben. Keine drei Kilometer entfernt im Bauernhausmuseum Ödenwaldstetten wird

SCHWÄBISCHE IDYLLE IM GEMEINDEVERBAND

er an Wochenenden und zur Ferienzeit für die Besucher aus aller Welt wieder lebendig. Dinkelbrei kochen, Flachs dreschen, Lein weben, Körbe flechten … An der namensgebenden Hohensteiner Burgruine vorbei wartet drei Kilometer weiter schon in Oberstetten die Mustersiedlung des schwäbischen Vorzeige-Häuslebauers Schwörerhaus, wo sich der schwäbische Tüftlergeist mit dem Niedrig-Energiehaus ein zeitgemäßes Zeichen setzt. Und im Nachbarteilort Meidelstetten ist jeder Tag ein ›Tag der Natur‹, wenn es auf den Triebwegen in den Hutewald und in die Streuobstwiesen geht. Oder doch lieber gleich ins Kindernaturschutzgebiet ›Hüttenstuhlburren‹ zwischen Eglingen und Ödenwaldstetten? Dann wäre die Runde geschlossen. Und man könnte einen erholsamen Ausflugstag in Speidels BrauManufaktur beschließen, der kleinsten Hausbrauerei Deutschlands, wo schon die Schürze und die Tipps des Braumeisters für selbst kreiertes Hopfengebräu bereit liegen. In Hohenstein steht die ländliche Idylle im Bilderbuchformat das ganze Jahr über nicht nur den rund 4.000 Einwohnern, sondern allen Gästen rund um die Uhr zur Verfügung. Auf unterhaltsamste

MY HOME IS MY CASTLE. Die Schwörerhaus-Mustersiedlung in Oberstetten ist täglich – auch am Wochenende – von 10 bis 17 Uhr geöffnet.
www.schwoerer.de

Tipp

und manchmal auch ganz ungewöhnliche Art und Weise. Ein Vogelnest bauen, Wildkräuter sammeln und damit Schnecken mästen? Oder einfach nur ein Büffelkälbchen streicheln auf der Albhof-Tour? Ideale Voraussetzungen für einen Urlaub mit der ganzen Familie.

Weltweit einzigartig. Nirgendwo präsentiert sich Heimatgeschichte publikumswirksamer. Schloss Lichtenstein lässt nicht
nur das ›württembergische Patriotenherz‹ höher schlagen. Die
kühne Architektur in schwindelnder Höhe ist ein Glanzpunkt
in der Hitliste der touristischen Attraktionen des Landes.

IN STEIN GEMEISSELT: DAS HERZ WÜRTTEMBERGS

Als Wilhelm Hauff vor fast 200 Jahren seinen landesgeschichtlichen Roman ›Lichtenstein‹ veröffentlichte, bestimmte ›vaterländisches Denken‹
den Zeitgeist im Königreich Württemberg. Die historische Romanze
wurde zum Volksepos. Dass Ort und äu-

**EIN MÄRCHENERZÄHLER
SCHRIEB DEN ›BAUPLAN‹**

ßeres Umfeld des literarischen Geschehens
bereits wenige Jahre später hoch über dem
Tal der Echaz Gestalt annehmen und somit als steinernes Denkmal eines
Romanes zu weltweitem Ruhm gelangen würden, hätte sich der Dichter
selbst in den kühnsten Träumen jugendlichen Überschwanges nicht vorstellen können. Heute ist das nach Wunsch und Plan des Grafen Wilhelm von Urach auf den Resten einer historischen Ritterburg entstandene
›Märchenschloss Württembergs‹ ein touristischer Magnet. Und als Zeugnis spätromantischer Schwärmerei und Prunkliebe zugleich ein Manifest
württembergischer Landesgeschichte. Denn diese Türme und Tore, Wälle
und Säle, die hier weit über die blauen Albkuppen hinausragen, bewahren
das Gedenken an Herzog Ulrich von Württemberg (1487–1550) und damit an den Ahnherrn des späteren württembergischen Königshauses, mit
dem man die heimischen Tugenden ›furchtlos und treu‹ ebenso verbindet
wie die Zäsur des landesweit verordneten Konfessionswechsels zum Pro-
testantismus. Wilhelm Hauff hat
die bauliche Verwirklichung seines
›vaterländischen Traumes‹ ebenso
wenig erlebt wie den weltweiten
Ruhm durch seine Volksmärchen.
Noch vor seinem 25. Geburtstag
verstarb er 1827 in seiner Heimat-
stadt Stuttgart. Doch sein historischer Roman vom unerbittlichen

IM WILHELM-HAUFF-MUSEUM in Ho-
nau ist alles Wissenswerte über
den Dichter und sein romanti-
sches Epos zusammengetragen.
Geöffnet ist vom 1. April bis
15. November an Wochenenden
und Feiertagen.

Tipp

Kampf des Herzogs von Württemberg gegen Ritterschaft und Schwäbischen Bund hat ihn unsterblich gemacht. Das ›Hohelied‹ auf Liebe und
Treue der Untertanen auf der Alb ist in diesen Mauern verewigt.

STADTVERWALTUNG MÖSSINGEN /// FREIHERR-VOM-STEIN-STRASSE 20 ///
72116 MÖSSINGEN /// 0 74 73 / 37 01 21 /// WWW.BLUMENSTADT.EU ///
WWW.MOESSINGEN.DE ///

Farbenpracht am Straßenrand. Als ›Mössinger Sommer‹ in Samentütchen abgepackt, macht die ›Erfindung‹ eines cleveren schwäbischen Stadtgärtners Furore weit über Stadt- und Landesgrenzen hinaus. Dem werbewirksamen Alleinstellungsmerkmal der Blumenstadt am Rande der Alb direkt vor Ort und in voller Blüte zu begegnen, ist ein empfehlenswertes ›Erlebnis Natur‹.

GRÜNE DAUMEN IN DER BLUMENSTADT

In Mössingen kann man tagtäglich sein blaues Wunder erleben. Dafür sorgt Dieter Felger, verantwortlich für das 8-Mann-Team der Mössinger Stadtgärtnerei. Sein ›grüner Daumen‹ hat ein Paradox zur Realität gemacht: Blumenwiesenromantik mitten im Stadtzentrum. ›Tatort‹ Verkehrskreisel Mössinger Mitte. Auf diesen besonders plakativen ›Blüh-Punkt‹ hin zentrieren sich insgesamt rund fünf Hektar ›Mössinger Blumengrün‹. Die städtische Anlagenpflege – vor rund zwei Jahrzehnten sozusagen ›aus der Not im Stadtsäckel geboren‹ – lässt traditionelle Vorstellungen von geometrisch angeordneten Rosenrabatten und Rasenflächen oder Petunien-Patchwork aus der Balkonpflanzensparte ganz schnell verblassen. Sind es die dominierenden Blautöne der Nachtviolen oder die orangefarbenen Polster des kalifornischen Mohns, über denen schwebende Kerzen von Steppenlilie und Rittersporn duftend und leuchtend die Sinne einfangen? Oder verharrt das Auge doch eher auf einer vereinzelten Kratzdistel, die sich mit dem Gelb des ganz gemeinen Ackersenfs zusammengetan hat, um dem Stillleben mit Margerite, Klatschmohn, Kornblume und Storchschnabel Paroli zu bieten? Die gärtnerische Umsetzung seiner von Malern und Dichtern inspirierten Ambition für die Gartenkunst geht auf einen nüchternen Spar-Appell aus dem Rathaus zurück. Seit 20 Jahren dominiert der Charme artenreicher Blumen- und Streuobstwiesen rund um das 1974 zur Stadt erhobene bis dato größte Dorf des Landes das Grünanlagen- und Randstreifen-Konzept. Und nicht nur die Mössinger selbst erfreuen sich alle Jahre wieder neu am bunten Mix.

BLUMENWUNDER: GOLDMEDAILLE BEIM BUNDESWETTBEWERB ›ENTENTE FLORALE‹

Tipp

DER ›NATIONALE GEOTOP‹ Mössinger Bergrutsch am Hirschkopf ist auf ausgeschilderten Wegen zu begehen. Führungen von Mai bis Oktober jeden 1. Sonntag im Monat. www.Alberlebnis.de NABU – Vogelschutzzentrum im Weiler Ziegelhütte www.nabu-Vogelschutzzentrum.de

Draußen vor den hohen Fenstergevierten wiegen sich die hohen Platanen im Gold der späten Abendsonne. Drinnen haben sich Gleichgesinnte nach ausgiebiger Besichtigung der Requisiten eines der Großen der Weltliteratur auf lederne Polster niedergelassen und lauschen.

TRÄUME VOR DER BLAUEN MAUER

Die Hölderlin-Gesellschaft macht diese Reminiszenz im einstigen Refugium des Dichters möglich. In einem der aus aller Herren Länder meistfrequentierten Besucher-Treffpunkte des Landes ein Hauskonzert der Romantik zu erleben, ist auf Wunsch zu buchen. Dass die Begleitung des Sängers just auf dem Flügel erfolgt, auf dem Hugo Wolf seinem Tübinger Freundeskreis die neuen Kompositionen vorstellte, adelt das Arrangement.

BESUCHERMAGNET HÖLDERLINTURM: GEIST UND GENUSS LIEGEN IN TÜBINGEN NAHE BEISAMMEN.

Die Turmführung zuvor ist natürlich ein ›Muss‹ und nur noch zu toppen durch ein Stocherkahn-Lesekonzert auf dem Neckar. Da wartet der ›Scardanelli-Kahn‹ schon am Steg vor dem Hölderlin-Garten und trägt sie auf den Wellen des Neckars respektive den Flügeln des Geistes davon. Romantik pur ist die eine Seite dieser jungen, alten, kleinen, großen, lebhaften, träumerischen Stadt. Die andere: Lockere Gelassenheit, wie sie eine einstige ›Landes-Metropole‹ mit Universität von Weltrang ausstrahlt, in der die meisten der 85 000 Einwohner Student oder Studentin sind. Denn das hat Tübingen vielen anderen Städten voraus; seit Graf Eberhard im Barte 1477 eine Universitätsgründung wagte – seinen Wahlspruch Attempto, ›ich wag's‹, trägt die Alma mater noch heute mit Selbstbewusstsein – hat der akademische (Frei)-Geist am Neckar seine Wiege. Die Liste der Absolventen des Evangelischen Stiftes oder des Collegium illustre reicht von Kepler über Melanchthon bis Hegel, von Schelling über Schickardt bis Uhland und repräsentiert das Who is Who der Denker, Forscher und Lehrer. Orte der Erinnerung wie

Tipp

QUAL DER WAHL – Stocherkahnrennen, Sommerinsel am See, Rosenfest im Botanischen Garten oder ein stilles Gedenken auf dem Alten Friedhof? www.tuebingen-info.de

den Hölderlinturm gibt es hier genauso viele wie Plätze, an denen man der Lust am Leben frönt. Und wer in Gedanken an die einstigen Tübinger Stifts-Scholaren auf den Österberg wandert, stellt fest, dass dem romantischen Bild von Tübingen ohne Mörikes ›Blaue Mauer‹ etwas ganz Wesentliches fehlte.

›Per Pedal zur Poesie‹. Den Spuren schwäbischen Geistesle-
bens auf dem ›Literarischen Radweg‹ vom Neckar zur Achalm
zu folgen, hat seinen ganz besonderen Reiz. An der Zwischen-
station Reutlingen erfährt man, warum.

REUTLINGER DRUCKE UND KANTIGE PROFILE

Wer nach den Wurzeln von Freigeist und Bürgersinn fragt, die sich im Profil
der einstigen Reichsstadt heute noch abzeichnen, wird im Reutlinger Heimatmuseum fündig. Die Patina alter Klostermauern und stolzer Stadtgeschichte, der bezaubernde Museumsgarten, die wirkungsvoll in Fachwerk
und Steinquader gebetteten ›Wissens-Kabinette‹ ermöglichen Rückschlüs-
se auf eine ›Reutlinger Identität‹, die sich –
gewachsen im Selbstverständnis einer von
Abhängigkeit und Zensur weitgehend freien
Reichsstadt in unmittelbarer Nachbarschaft

**WÜRTTEMBERGISCHE
PRIMÄRTUGENDEN IN DER
REGION NECKAR-ALB**

zur Tübinger ›Alma mater‹ – über Jahrhunderte frei entwickeln konnte.
Im ›Literaturland Baden-Württemberg‹ kommt Reutlingen als Hochburg
der Druckkunst eine ganz besondere Rolle zu. Zwischen Neckar, Erms
und Echaz haben sich schon früh mutige Herausgeber, geschickte Unter-
nehmer, kantige Geister und freie Denker zusammengefunden und dem
Reutlinger Buchdruckergewerbe vor allem im 18. und 19. Jahrhundert zu
ungewöhnlicher Blüte verholfen. Die für das ›einfache Volk‹ erschwingli-
chen ›Reutlinger Volksbücher‹ ebneten breiten Bevölkerungsschichten den
Weg zum Lesen und Schreiben. Volkssagen und religiöse Werke, aber auch
aufklärerische und anderswo von der Zensur unterdrückte revolutionäre
Schriften wurden – in Holztragen auf den Rücken geschultert – in den gesamten deutschsprachigen Raum hinausgetragen. ›In diesem Lande gedeiht
das Talent nicht durch Förderung,
sondern durch Gegensatz und Wi-
derstand‹, urteilt die Schriftstellerin
Isolde Kurz über den schwäbischen
Beitrag zum deutschen Geistesleben.
Und verweist damit – die Großen
der Stadt von Hermann Kurz über
Friedrich List bis Gustav Werner
und HAP Grieshaber eingeschlos-
sen – auf eine entscheidende Triebkraft der Reutlinger (Druck)Kultur.
Wissenswertes dazu ist der handlichen Broschüre ›Per Pedal zur Poesie –
Literarische Reisewege 06‹ zu entnehmen.
www.literaturland-bw.de

AUSSICHTSREICH GENIESSEN – der
Grieshaber-Weg in Eningen
unter der Achalm führt vorbei
am Refugium des Künstlers direkt zum beliebten Ausflugsziel
Restaurant Achalm.
www.achalm.com

Tipp

STADT METZINGEN /// STUTTGARTER STRASSE 2 – 4 /// 72555 METZINGEN /// 0 71 23 / 92 53 77 /// WWW.METZINGEN.DE ///

Die Schnäppchenjagd in Metzingen gehört mittlerweile zum ›Mythos Alb‹ wie der Wanderschäfer auf der Wacholderheide. Denn in der Outlet-City am Albtrauf präsentiert sich ›typisch schwäbische Sparsamkeit‹ auf höchstem Niveau. Der Run auf preisgünstige Premium-Klamotten beschert der 22 000 Einwohner-Stadt mit jährlich drei Millionen kauffreudigen Gästen aus 185 Nationen satte Einnahmen und unverkennbar internationales Flair.

LIFESTYLE IN DER TRAGETASCHE

Lifestyle in der Tüte. Die Tragetasche mit Markensignet symbolisiert den Schnäppchenkauf als Erfolgserlebnis. Das Who is who der Modeganten gibt sich in Metzingen die Ehre und tausende zufriedener Kunden tragen täglich den Ruf der ›heimlichen Hauptstadt des internationalen Outlet-Shoppings‹ werbewirksam in alle Welt. Das moderne Märchen begann in den 1970ern, als der Herrenschneider Hugo Boss seine

> **DAS METZINGER MÄRCHEN WIRD ALLE TAGE WIEDER IN DER OUTLET-CITY WAHR.**

Marke zum Trendsetter edlen Männerzwirns aus der Taufe hob. Im Sog des Siegeszuges der Nobelmarke aus Metzingen avancierte der einstige Fabrikverkauf preisgünstiger Auslaufmodelle zur Quelle ungetrübten Kaufvergnügens. Die zündende Idee einer Liaison von Marke und Preisnachlass erwies sich als Magnet. Inzwischen sind in der Outlet-City ein halbes Hundert und mehr Designer-Topmarken zuhause. Metzingen darf sich mit seiner stadtplanerisch wie architektonisch stilvollen ›Outlet-Kultur‹ europaweit als Metropole des Erlebnis-Einkaufs rühmen. Wie man eine gute Lage gewinnbringend nutzt, wissen die Metzinger übrigens von Alters her. Die Stadt war über Jahrhunderte hinweg berühmt für ihren Weinanbau.

Tipp

METZINGER HOFSTEIGE. Die ›Weininsel‹ in der ›Sieben-Kelter-Stadt‹ serviert mit Geschichte, Kultur, Natur und Genuss ein Rundum-Programm um Oechsle und Kelter.
www.wein-metzingen.de

Noch heute setzen die Metzinger Keltern im historischen Stadtkern attraktive Akzente. Die heimische Gastronomie hält Schritt mit ihren Winzern, und so kann der Gast – designertragtaschenbeladen, erschöpft und glücklich – bei einem vorzüglichen Tropfen entspannt genießen, was auf den sonnenverwöhnten Metzinger Albhängen gewachsen ist.

Die Spurensuche ist im Internet zweifelsfrei ergiebiger als per pedes. Am Ort des Geschehens findet sich nämlich nicht der geringste Hinweis. Das mag bedauerlich sein. Aber logisch ist es schon. Denn das ›Gächinger Wunder‹ brilliert ja nicht im ›Augenschein‹. Es ist bekanntlich ein ›Ohrenschmaus‹.

AUF DES GESANGES FLÜGELN

Allein die Tatsache, hier im Kirchlein St. Georg zu Gächingen am Geburtsort eines Klangkörpers zu stehen, der als ›Internationale Bach-Akademie Stuttgart‹ in aller Welt als Synonym für musikalische Perfektion gilt, ist ein tolles Gefühl. Hier also, in einem der sechs Teilorte von St. Johann, hat die Gächinger Kantorei ihre Wurzeln. Gewachsen aus einem 1954 gegründeten privaten Musikkreis, der sich um die Musiker-Familien Haberer

FREUDE AN DER MUSIK UND TIEFE FRÖMMIGKEIT IN EINER BILDERBUCHLANDSCHAFT.

und Rilling zu Proben-Freizeiten traf. Mehr und mehr Sangesfreudige und -kundige fühlten sich angezogen und füllten zuerst das Kirchlein St. Georg und die Gotteshäuser der Umgebung, später den ganzen süddeutschen Raum und schließlich die Klang-Hochburgen der Welt mit Kirchenmusik von höchstem Anspruch. Inzwischen haben weit mehr als tausend begeisterte Chorsänger und Solisten unter der Leitung ihres Maestro Helmuth Rilling zum weltweiten Renommee eines Botschafters des deutschen Chorgesanges mit der Vorgabe ›höchste Perfektion und höchste Begeisterung‹ beigetragen. Das kleine Dorf auf der Alb aber bleibt nicht nur im Namen ein fester Bestandteil des Ensembles und prägt damit die Gesamtgemeinde St. Johann. Das Besondere im Verborgenen zu suchen, ist in dieser Bilderbuch-Erholungslandschaft aus buttergelben Hahnenfußwiesen und tiefgrünen Wäldern möglich und sinnvoll. So beherbergt etwa die Andreaskirche in Würtingen eine vom Landesdenkmalamt attestierte ›Einmaligkeit in ganz Schwaben in der Vollkommenheit und Fülle barocker

ALLJÄHRLICH IM SEPTEMBER lädt der Gestüts- und Fohlenhof St. Johann zum Kartoffelfest, einem weit in die Region hinausstrahlenden kulinarischen Event. Hier werden – der Zielrichtung des Biosphärengebietes gemäß – die heimischen Erzeugnisse genussreich serviert.

Tipp

Ausmalungen‹. Und in der gotischen Marienkirche in Upfingen wartet neben wertvollen Steinmetzarbeiten und Fresken die einzigartige, noch im Originalzustand erhaltene bespielbare Hagemann-Orgel aus dem 18. Jahrhundert.

KURVERWALTUNG /// BEI DEN THERMEN 4 /// 72574 BAD URACH ///
071 25 / 9 43 20 /// WWW.BADURACH.DE ///

Kontrastprogramm. Aus der sonnengetränkten Weite mit Gipfelblick geht es vom Bergfried der alles überragenden Ruine Hohenwittlingen steil hinunter ins Dickicht des Hangschluchtwaldes. Höhlenzauber ist angesagt. David Friedrich Weinlands europäischer Bestseller ›Rulaman‹ ist der zuverlässige literarische Begleiter.

RULAMANS STEINZEITLICHE SPUR

›Jeder Schritt bedeutet tausend Jahre‹, belehrt das Schild am Rande des urgeschichtlichen Trittpfades. Die Kinder, taschenlampenbewehrt und helmgeschützt, fangen fröhlich an zu zählen. Ganze 500 Meterschritte sind zu bewältigen, bis die fünfte Informationstafel von den ältesten Zeugnissen menschlichen Lebens – den sogenannten ›Steinheimer‹ und

EINE ROMANTISCHE WANDERUNG IN DIE FRÜHZEIT DER MENSCHHEITSGESCHICHTE

den ›Heidelberger Menschen‹ erzählt. Einige hundert Meter seitlich, dort unten, wo dickes Wurzelgeflecht und riesige Kalksteine einen Höhleneingang verdecken, wird's richtig spannend. In der Schillerhöhle (Rulamans ›Tulka-Höhle‹) umfängt den mutigen ›HöhlenForscher‹ glitschigfeuchte Finsternis. Von vermuteten 250 sich schräg in die Tiefe senkenden Höhlenmetern sind etwa 90 m – auf eigene Gefahr – begehbar. Lichtkegel der Taschenlampen zucken über bizarr geformte Kalkwände. Und aus dem geheimnisvollen Dunkel erwachen sie zu neuem Leben, die Protagonisten aus dem beliebten Jugendbuch ›Rulaman‹. Hockt dort hinten etwa die weise alte Parre mit ihrem Raben, rüstet sich der tapfere Rul gerade zur Jagd auf den Höhlenlöwen und schultert der junge Rulaman stolz das Fell des soeben erlegten weißen Wolfes? Grinst da nicht die Fratze eines Höhlenbären? Einfach gespenstisch. Doch

> **Tipp**
>
> Die Kurstadt Bad Urach ist eine **LITERARISCHE FUNDGRUBE**. Auf der Feste Hohenurach saß Nicodemus Frischlin gefangen. Eduard Mörike hat den Uracher Wasserfall berühmt gemacht. Und im ›Roten Winkel‹ der ›sozialistischen Denker-Kolonie‹ in Urach haben der Dichter Johannes R. Becher (u.a. Texter der DDR-Nationalhymne) und Theodor Plievier (›Stalingrad‹) Anfang der 20er Jahre gelebt und gewirkt.

der rutschig-schwarze Lehmschlamm will nicht den kleinsten Flintstein-Scherben oder Tier-Knochen der Urzeit freigeben. Ein Trost, dass dem Neugierigen am Ende des Höhlenabenteuers der Griff zum Buch bleibt, wenn er noch mehr über Rulaman und seine Zeit erfahren will.

Wirtschaft Schäferlies

WIRTSCHAFT ZUR SCHÄFERLIES /// MANUELA EHRHARDT-SCHMIDT ///
PFÄHLERSTRASSE 1 /// 72574 BAD URACH /// 0 71 25 / 30 95 41 ///
WWW.SCHAEFERLIES.DE ///

Gepflegt speisen ist in der Kurstadt Bad Urach ebenso wenig ein Problem wie gesund baden. Gewöhnt, Körper und Geist ihrer Kurgäste nach allen Regeln der Kunst zu verwöhnen, bietet Württembergs heißeste Sole Genuss pur. In Graf Eberhards Reich lässt sich's – je nach Gusto und Geldbeutel – bestens verweilen.

URIG IN BAD URACH

Die Kurstadt an der jungen Erms hält mit einem der prächtigsten fürstlichen Residenzschlösser, den tiefsten und wärmsten Heilquellen und einer der lyrischsten Burgen- und Höhlenszenen im Lande aber nicht nur einen besonders dekorativen Mix aus Landesgeschichte und Mittelalter-Idylle in Ehren, ihr liegt auch die Pflege der

> HIER FEIERT URACHER SCHÄFER-KULTUR FRÖHLICHE URSTÄND.

›Schibbaloiner‹ am Herzen. Rund um Schäferschippe, Schäferreigen und Schäferlauf feiert hier das traditionsreiche Brauchtum alle Jahre wieder fröhliche Urständ. Und in der besonders urigen ›Wirtschaft zur Schäferlies‹ kann man dieser – im original erhaltenen historischen Ambiente eines über 500 Jahre alten Fachwerkgemäuers – sogar ganz persönlich begegnen. Schwäbischer geht's nicht, verheißt der Blick auf die Speisekarte. Die ›Herrgottsbscheißerle‹, die Käs-Schbatza, der Schweinsbrota in Zwiefalter Biersoß. Und natürlich der Schäferlies-Teller. So wie's sein soll: mit Gschnetzeltem vom Lamm und den Thymian-Ofenkartoffla. Oder soll man der Empfehlung aus dem Gästebuch folgen: ›Wir lieben Zwiebelrostbraten. Der Ihre war der Beste …‹

Die Qual der Wahl beendet die Wirtin höchstpersönlich mit einer echten Überraschung: Die Schäferlies spricht sächsisch. Aber sie kocht schwäbisch. Und wie. »Hier ist alles echt und stimmig« erklärt die Fachfrau, gelernte Köchin mit Abschluss an der Fachhochschule für Gastronomie in ›Karl-Marx-Stadt‹ und vor 20 Jahren ›rübergemacht‹. Zunächst in einer Großküche auf der Alb beschäftigt, ist sie 2009 in die Rolle der ›Schäferlies‹ geschlüpft. »Unser Haus ist offen für jedermann« nimmt sie die alte Herbergs-Tradition in der Mittelalter-Idylle am Markt begeistert auf. Das sächsische Schwätzle am Schäferlies-Brunnen vor dem Haus ist im Preis inbegriffen.

> **Tipp**
>
> **EIN STELLDICHEIN MIT KAMMERMAGD BARBARA?** Bei den außergewöhnlichen Führungen in Schloss Urach gibt's scharfzüngigschwäbische Plaudereien rund ums goldene Hochzeits-Himmelbett des Herzogs Eberhard mit Barbara von Gonzaga. Info: Schlossverwaltung Bad Urach www.schloss-urach.de

Hier führen Wege in alle Himmelsrichtungen. Betoniert, asphaltiert, geschottert oder gerade noch als Spur auf der Grasnarbe erkennbar, durchfächern sie 6.700 Hektar hügelige Landschaft. Die mit der gelben Raute markierten Pfade sind begehbar.

DER MENSCH SCHWEIGT, DIE NATUR ERZÄHLT

Der Schießplatz schweigt. Seine knapp über hundertjährige Geschichte ging 1992 abrupt zu Ende. Seither haben Schäfer zwischen bröckelnden Schießständen und ausgedienten Ziel-Attrappen das Kommando. Ihr Auftrag heißt Landschaftspflege. Dreizehn Pächter bringen so im Jahr bis zu 30.000 Schafe auf die Weide. Die sorgen unermüdlich wandernd und grasend dafür, dass ein weltweit einmaliges Biotop optimal erhalten bleibt. Naturschutz als Wirtschaftsgrundlage. Schafhalter Gerhard Stotz und seine Verwandtschaft treiben ganze fünf Herden übers Weideland. Jeweils über tausend Schafe mit ihren Lämmern durchziehen von April bis Oktober das ihnen zugewiesene Areal im Truppenübungsplatz. Der Schäfer stammt aus dem 1936 den militärischen Prioritäten geopferten Dorf Gruorn. Die Wanderschäferei im straff organisierten landwirtschaftlichen Münsinger Großbetrieb betreibt er mit Ehefrau und Sohn bereits in vierter und fünfter Familiengeneration. Wenn er Gäste über den Übungsplatz führt, lenkt er seinen Bus über die Panzerpiste hinauf zu einem der besten Aussichtspunkte. Hinter den vordergründigen Baumschatten tritt der Turm des von Gruorner Ehemaligen wieder aufgebauten Kirchleins hervor und erzählt von bewegter Vergangenheit. In solchen Momenten kann Schäfer Stotz dann schon mal ins Schwärmen geraten über die Schönheit der vom Menschen unberührten Natur mit ihren Kostbarkeiten an Flora und Fauna. Keine Frage, dass es sich lohnt, die unter das Biosphären-Motto ›Schützen und Nützen‹ gestellte Verantwortung menschlichen Handelns im Einklang mit der Natur in Vorbild-Funktion voranzutreiben. Seit Jahren schon hat er dem ›Lamm von der Alb‹ den Einstieg ins Gourmet-Fach gesichert und seine Kundenliste ist – vom ›Bareiss‹ bis zur ›Traube Tonbach‹ – sternengekrönt. Einen ähnlichen Erfolg wünscht er sich jetzt auch fürs neue Projekt ›Mode aus Merinowolle‹, das er mit einer Firma aus St. Johann-Gächingen auf den Weg gebracht hat.

> **UNENDLICHE WEITE ZUM WANDERN, RADELN, REITEN UND SKATEN.**

TOUREN auf dem Truppenübungsplatz mit den Münsinger TrÜP-Guides. Anfragen bei der Touristik Information Münsingen.
www.alb-guide.de

Tipp

Reiseziel Münsingen. Unwillkürlich greift man zur Wolljacke. Die braucht man dort, wo's ›ein halbes Jahr Winter und ansonsten auch mindestens einen Kittel kälter‹ sein soll als anderswo. Doch ›Schwäbisch Sibirien‹ war gestern. ›Biosphärengebiet Schwäbische Alb‹ ist heute.

›SCHWÄBISCH SIBIRIEN‹ WAR GESTERN

Münsingen als attraktives touristisches Ziel? Vor zehn Jahren nur schwer vorstellbar. Doch so schnelllebig ist die Zeit. Die positiven Veränderungen im schmuckvoll herausgeputzten einstigen Oberamtsstädtchen mitten im Herzen der Alb lenken den Blick auf ein anderes Kapitel seiner wechselvollen Geschichte. Beim empfehlenswerten Stadtrundgang in der liebevoll restaurierten Münsinger Altstadt erfährt man: Im Alten Schloss, dem

DIE RENAISSANCE EINES LANDESGESCHICHTLICH BEDEUTENDEN OBERAMTSSTÄDTCHENS.

Sitz der Grafen von Württemberg und Mittelpunkt des mauerbewehrten Schlossbezirks, wurde 1482 der Münsinger Vertrag geschlossen. Er besiegelte ›die Unteilbarkeit des Landes auf ewige Zeiten‹, indem er Graf Eberhard im Bart zum Regenten des geeinten Landes bestimmte. Außerdem wurde in dieser Urkunde das Mitbestimmungsrecht der Ritterschaft, Prälaten und Städtevertreter vertraglich zugesichert. Münsingen als ›der Schwaben Maß und Mitte?‹ Nun, ganz so euphorisch haben es die ›coolen‹ Münsinger ihre Position sicher nie gesehen. Aber ein wenig vom erhabenen Selbstverständnis eines herzoglichen Hofes, den es in den Pestjahren sogar aus Stuttgart hinauf in die frische Albluft zog, konnte sich wohl im rauen Albklima erhalten. Es schwebt noch zwischen diesen liebevoll restaurierten, von fürstlichen Buckelquadern, Fachwerkgebälk und Laubengängen umstandenen Gässchen und Plätzen. Schlossmuseum, Bürgerhaus Zehntscheuer, Altes Rathaus, Stadtmauer, Marktbrunnen, Martinskirche – hier öffnet man bedeutsame Landeshistorie dem Besucher. Den es dann, belebt und gestärkt von frischer Luft und spannender Geschichte, weiter zieht zu vielen anderen ›Münsinger Reizen‹ in den dreizehn Stadtteilen in und ums Große Lautertal.

Tipp

DAS BIOSPHÄRENZENTRUM im ehemaligen Wachgebäude der Soldatenunterkunft ›Altes Lager‹ ist eine echte Attraktion. Ein begehbares Luftbild des 85 000 Hektar großen Gebietes macht dank moderner Medientechnik die virtuelle Begegnung zum authentischen Erlebnis. Infotainment vom Feinsten.
www.biosphärenzentrum-alb.de

TOURIST INFORMATION MÜNSINGEN /// HAUPTSTRASSE 13 ///
72525 MÜNSINGEN /// 0 73 81 / 18 21 45 /// WWW.MUENSINGEN.DE ///

Unglaublich ist sie, die Geschichte des ›Ikarus vom Lautertal‹.
Gustav Mesmer, der Träumer, Poet und Erfinder aus dem oberschwäbischen Altshausen, verwirklicht am Ende seines Lebens
hinter Anstaltsmauern im Tal der Großen Lauter seinen ›Traum
vom Fliegen‹.

DER HAT FLIAGA WELLA WIA A SCHWALB

In Buttenhausen begrüßte der Flugradbauer Gustav Mesmer die Freiheit.
35 Jahre lang hinter den Anstaltsmauern der Psychiatrie eingeschlossen,
entkam er wie durch ein Wunder der Gaskammer im benachbarten Grafeneck und damit dem sicheren Tod. Befreit von Anstaltszwängen durf-
te er unterm weiten Albhimmel
endlich seine selbst erdachten und
gebauten   Flug-Konstruktionen

**ERINNERUNGEN AN EIN DUNKLES
KAPITEL DEUTSCHER ZEITGESCHICHTE.**

testen. Über den blauen Mäandern der Großen Lauter, wo ›die Freiheit
schier grenzenlos‹ ist, lässt er dem unbändigen Drang eines dem Zwang
und der Enge entkommenen Menschen freien Lauf. ›Der hat fliaga wella
wie a Schwalb, der hat fliaga wella mit m Fahrrad über d Alb‹ – die Radio-
leute von SWR Tübingen haben dem ›Ikarus vom Lautertal‹ ein Denkmal
im Hörspielformat gesetzt. Aus Krankenakten und eigenen Tagebuch-Auf-
zeichnungen entstand das erschütternde Lebensbild eines verkannten Ge-
nies. Wie aus dem 1903 geborenen
Bauernsohn aus dem oberschwäbischen Altshausen der Beuroner
Klosterbruder wurde … Wie er –
nach sechs Jahren von der Ordensgemeinschaft ausgeschlossen – nach
einer Kanzel-Schmährede gegen die
Geistlichkeit im eigenen Heimat-
städtle für geisteskrank erklärt und
in die geschlossene Abteilung der
›Irrenanstalt‹ gesperrt wurde, wo er
trotz permanenter Eingaben 35 Jah-

Tipp

In Buttenhausen dokumentiert
ein Rundweg die von jüdischen
Familien geprägte Dorfgeschich-
te. Und das nahe gelegene Doku-
mentationszentrum **GEDENKSTÄTTE
GRAFENECK** ist ganzjährig öffentlich zugänglich. Fortbildungen,
Führungen und Seminare nach
Anmeldung. www.gedenkstaet
te-grafeneck.de

re lang als Korbmacher ein kärgliches Dasein fristete, das ›schlimmer war
als der Tod‹ … Erst als Sechzigjähriger lebt er dann im Altenheim Buttenhausen an der Lauter auf beim Zeichnen, Bauen und Erproben seiner Flug-
objekte und erlangt – endlich – die Wertschätzung seiner Mitmenschen.
1992 präsentiert er auf der Weltausstellung in Sevilla mit einem seiner von
Muskelkraft angetriebenen Flugräder den ›Traum vom Fliegen‹. Und ver-
tritt damit würdig sein Heimatland als Land der Tüftler und Erfinder.

HAUPT- UND LANDGESTÜT MARBACH /// 72532 GOMADINGEN-MARBACH ///
0 73 85 / 9 69 50 /// WWW.GESTUET-MARBACH.DE ///

Alles Glück dieser Erde liegt auf dem Rücken der Pferde: Im Haupt- und Landgestüt Marbach kann die Freude am Umgang mit den edelsten und anmutigsten Reittieren nach allen Regeln der Kunst ausgekostet werden. Das ist – aktiv wie passiv – ein unvergleichliches Erlebnis.

PFERDE ZUM TRÄUMEN

Die Gestütshöfe Marbach, Offenhausen und St. Johann bilden den schmuckvollen Rahmen für malerische Szenen. Die friedvolle Ruhe einer Stutenherde auf üppig grüner Frühlingsweide. Das stolze Aufbäumen eines Zuchthengstes auf der Koppel am Waldsaum. Die unbändige Lebenslust einer stürmisch dahingaloppieren-

PARADIES IM GRÜNEN: MARBACH IST DAS MEKKA DER PFERDEFREUNDE.

den Fohlenschar. Doch das älteste und bedeutendste staatliche Gestüt Deutschlands bietet weit mehr als stimmungsvolle Eindrücke eines touristischen ›Filet-Stücks‹ des Luftkurortes Gomadingen im Großen Lautertal, dessen Tore für Besucher ganzjährig geöffnet sind. Als ›Kompetenzzentrum für Pferdezucht und Pferdehaltung Baden-Württemberg‹ und Sitz der Vereinigung europäischer Staatsgestüte ist Marbach mit 90 Mitarbeitern und 40 Auszubildenden der größte Ausbildungsbetrieb für Pferdewirte in Deutschland und bietet ganzjährig Kurse für Anfänger, Fortgeschrittene, Turniereinsteiger und Trainer im Reiten und Fahren an. Marbacher Kontraste: Hier die Atmosphäre der sportlichen Massenveranstaltung voll atemberaubender Spannung. Dort die konzentrierte Stille eines im Wortsinne klösterlichen Quellgrundes. Denn hier am Ursprung der Lauter in Offenhausen sorgen in der EU-Besamungs- und Embryotransferstation die begehrtesten Spitzenhengste der Vollblutaraber, Kaltblüter und Deutschen Reitpferde für gesichertes Werden und Gedeihen eines Pferdezuchtbetrie-

Tipp

DER LUFTKURORT GOMADINGEN kann vor allem mit Landschaft und Natur punkten: Planetenwanderweg, Sternberg-Turm, Burgruine Blankenstein, Gestütsmuseum Offenhausen, Naturerlebnispfad und viele Erholungs- und Freizeiteinrichtungen machen ihn zum Urlaubszentrum für Wanderfreunde und Fahrrad-Touristen. www.gomadingen.de

bes, den die Herzöge und späteren Könige von Württemberg im 16. Jahrhundert offiziell zum Hof- und Landgestüt erhoben. Und die legendären Väter ganzer Generationen von Spring-, Dressur- und Rennpferden sind im Gestütsmuseum nebenan eindrucksvoll dokumentiert.

**FAMILIE TRESS /// AICHELAUER STRASSE 6 /// 72534 HAYINGEN-EHESTETTEN ///
0 73 83 / 9 49 80 /// WWW.TRESS-GASTRONOMIE.DE ///**

›Gut Ding hat Weile‹ verweist die Speisekarte dezent auf das erste Gebot einer kulinarischen Inszenierung: die Vorfreude auf den kommenden Genuss. Der perlende ›Quitten-Frizzante‹ ist Vorgeschmack und Aufforderung zugleich, das Qualitätssiegel ›biodynamisch‹ beim geruhsamen Verkosten eines ›Rose-Menüs‹ zu testen.

EINE GÖTTIN STEHT PATE

Im Albdörfchen Hayingen-Ehestetten hätte man dieses ›Demeter-Lehrstück‹ in Form gepflegter Gastlichkeit nicht erwartet. Das viel versprechende Angebot aus dem Hausblatt der Bio-Jünger ist dem äußeren Anschein nach eher eine ›Liebe auf den zweiten Blick‹. Doch wenn's dann im sommerlichen Gastgarten unter der Kastanie auf grünkariertem Polster bequem wird, verheißt bereits der Blick in die Speisenkarte Nicht-Alltägliches. Zu verdanken ist dies Johannes Tress. Vor 60 Jahren hatte sich der Landwirt für den konsequenten Anbau nach dem Demeter-Prinzip entschieden. Seine Nachfolger haben das Vermächtnis zum durchgängigen Qualitätsprinzip ausgebaut. Aus dem landwirtschaftlichen Anwesen mit Stallungen und einer Gastwirtschaft im Ortskern wurde das erste Biohotel Baden-Württembergs, ausgezeichnet mit einem großen ›F‹ im Feinschmecker Guide. Kochstudio, Bio-Manufaktur, Kräutergarten und anspruchsvolle Event-Gastronomie in Schloss Ehrenfels und der historischen ›Wimsener Mühle‹. Nach dem frühen Tod ihres Mannes hält Inge Tress mit ihren vier Söhnen Daniel, Simon, Christian und Dominik die Fäden der ›Tress-Gastronomie‹ fest in der Hand. Von der Gesundheitsberaterin über die Restaurantfachfrau und Hotelbetriebswirtin bis zum Koch und Bankkaufmann bringt der ›Tress-Clan‹ eine ›Qualifikations-Expertise‹ auf die Beine, die ihresgleichen sucht. Besondere Auszeichnungen als Spitzenkoch bringt Simon Tress an die exklusiven Rose-Kochtöpfe: Schon als Jungkoch Mitglied in der deutschen Nationalmannschaft der Köche hat der heutige Küchenchef des Biohotels Rose in der Lehre die Beletage der deutschen Sterneküchen durchlaufen und bei Wettbewerben quer durch die Weltmetropolen die Prominenz bekocht.

| DER STARKOCH AM WERK

Tipp

›GENIESSERLAND ALB‹ ist einer der zahlreichen Rose-Programm-Tipps, der als ganztägiger Gruppenevent mit Koch-Show und Wanderung zur Wimsener Höhle gebucht werden kann. Tel.: 07373 / 915260

VERKEHRSVEREIN ›NATURERLEBNIS HAYINGEN‹ /// KIRCHSTRASSE 15 ///
72534 HAYINGEN /// 0 73 86 / 97 77 23 ///
WWW.NATURERLEBNIS-HAYINGEN.DE ///

Da lacht die Kuh. Die Hexen salutieren und die Waldvögel jubilieren. Was für ein Empfang. Das Entrée zum Naturtheater Hayingen ist gekonnt inszeniert. Vom Bühnenbildner an der Stalltür. Vom Holzschnitzer am Wegesrand.

VORHANG AUF FÜR DAS BAUERNTHEATER

Mit blutjungen 16 Lebens- und davon schon 15 Bühnenjahren ist Wendelin Herb schon ein Oldtimer auf den ›Brettern, die die Welt bedeuten‹. Im richtigen Leben absolviert er gerade eine Landmaschinenbaulehre. Doch vielleicht wird's ja irgendwann doch noch die Schauspieler-Karriere? In Hayingen gibt's dafür einige namhafte Vorbilder. Schleker Senior und Junior zum Beispiel. Der Senior ist ein namhafter Volksschriftsteller und Schauspieler an vielen deutschen Bühnen, der 1949 maßgebend an der

> **SELBST SCHWABENKENNER THADDÄUS TROLL ATTESTIERTE: ›URWÜCHSIGES VOLKSTHEATER‹**

Gründung des Naturtheaters mitwirkte, der Drehbücher verfasste, inszenierte und selbst agierte. Sein Schauspieltalent und die Leidenschaft fürs schwäbische Mundart-Drama hat er, neben seinem Vornamen Martin, geradewegs an seinen Sohn weiter gegeben, sodass der Name Schleker heute noch hinter nahezu jeder von mittlerweile über fünfzig Uraufführungen steht. In Hayingen ist Theater Ehrensache. Und eine Familienangelegenheit. Wie bei Eberhard und Maria Herb vom Demeterhof, die es ganz selbstverständlich finden, dass ihre Kinder von der Wiege an Theaterluft schnuppern und damit gleichzeitig Heimatgeschichte. Vom ›Schäfer von Hayingen‹, den einst bei der Maisenburg der Blitz erschlagen hat, über den ›Laufenmüller‹, der an der Schlucht im Lautertal ein Stück Industriegeschichte schrieb, bis zum Hergöttle von Biberach oder dem ›Schultes von Justingen‹ haben die Theater-Autoren Schleker die gesamte ›Schwäbische Schöpfung‹ rund um die Alb zu Volks-Stücken veredelt, denen die Fachwelt neidlos Anspruch und Niveau bestätigt. Die wildromantische Naturkulisse unterstreicht das Qualitätsmerkmal. Weit über eine Million Theatergäste insgesamt konnten im Jubiläumsjahr des 60-sten Bestehens mit Stolz bilanziert und gefeiert werden. Der Ferienpark ›Lauterdörfle‹ und die ansprechende Gastronomie tragen mit facettenreichem Verwöhnprogramm zum hohen Erholungswert bei. Im Luftkurort Hayingen weiß man komödiantisches Talent in ein touristisches Erfolgsrezept umzumünzen.

> **SPIELZEITEN:** Juli bis September jeweils an den Wochenenden. Alles Wissenswerte unter www.naturtheater-hayingen.de
>
> **Tipp**

Der Eingang zur Unterwasserwelt steht einladend offen für alle. Wenn das späte Frühjahr die vereisten Quelltobel der Zwiefalter Ach mit frischem Grün verzaubert, ist Wimsen gerüstet. Forellen, Wasseramseln und Höhlentaucher räumen den Fährbooten das Flussbett. Die historische Gastwirtschaft ›Friedrichshöhle‹ beweist, warum sie sich das Prädikat ›familienfreundlich‹ verdient hat und die altehrwürdigen Mauern der ›Wimsener Mühle‹ laden zu Ausstellungsbesuch und Kultur-Event

DAS SPEKTAKULÄRE ALBWUNDER

Der spätere König Friedrich I. setzte anno 1803 seinen Fuß höchstselbst in den Nachen, um die 70 befahrbaren Höhlenmeter zu erkunden. Zuvor haben bereits im Mittelalter die Zwiefalter Äbte, denen die erstaunliche Kapazität der Wimsener Getreidemühle verlässlich reichen Zehntgroschen einbrachte, ihre ›Vorzugsgäste‹ zur Kahnfahrt eingeladen. Die Friedrichshöhle ist damit ein Vorreiter des Alb-Tourismus.

DEUTSCHLANDS TIEFSTE MIT DEM BOOT PASSIERBARE UNTERWASSERHÖHLE

Ein Naturwunder, dessen wahre Dimension freilich erst im Zeitalter technischer und wissenschaftlicher Höchstleistung erkundet wurde. Denn der Zugang ins Unterwasser-Labyrinth ist ausschließlich versierten Höhlentauchern vorbehalten. Auf den Spuren des legendären Tauchforschers Jochen Hasenmayer leistet die Höhlenforschungsgruppe Kirchheim/Ostalb im Verbund mit Wissenschaftlern seit 1996 viel beachtete Arbeit. Beim bis zu zehnstündigen kräftezehrenden Durchtauchen des strömungsreichen Höhlenflusses wurden schon ergiebige Besiedelungsspuren aus Vor- und Frühzeit entdeckt. Und die Tauchgänge in die Tropfstein-›Schatzkammer‹ zur ›Marterkluft‹ und weiter durch den Ehrenfelser See über die ›Zwanziger-Quetsche‹ in den ›St. Andreasschacht‹ bis in 60 Meter senkrecht abfallende und atemberaubende Schlund-Tiefe lassen darauf schließen, dass man mit der Höhlenerforschung noch lange nicht am Ende ist. Nach Erkundung und Vermessung von knapp 300 überwiegend mit klarstem Karstquellwasser gefüllten Höhlenmetern warten bereits neue, unergründeten Spalten. In die geheimnisvolle Unterwelt der Wimsener Höhle einzutauchen, ist Abenteuer pur. Ein seltener Glücksfall nicht nur für eine Hand voll versierter Taucher-Profis sondern alljährlich zigtausende Touristen.

BURG DERNECK ist ein idealer Ausgangsort für Wanderungen rund um den Luftkurort Hayingen. Tel. 07386 / 217

Tipp

TOURIST-INFO PETERSTOR-MUSEUM /// BÜRGERMEISTERAMT ///
MARKTPLATZ 3 /// 88529 ZWIEFALTEN /// 0 73 73 / 2 05 20 ///

Der Glanz des oberschwäbischen Barock und der Zauber einer grandiosen Landschaft gipfeln im Tal der ›zwiefältigen Aach‹ in einem ›Herrgottswinkel‹, der an Pracht und Ansehnlichkeit seinesgleichen sucht. Spirituelle Prägung und Gestaltungsfreude haben sich in beeindruckender Harmonie vereint.

GÖTTLICHES IN KUNST UND NATUR

Das kunstvolle benediktinische Erbe Kloster Zwiefalten findet seine Entsprechung in beeindruckender Naturvielfalt auf der Zwiefalter Alb. Zwei wildromantische Quellflüsse gleichen Namens treffen unter dem lang gestreckten Rücken des Emerberges zusammen, um – nur wenige Kilometer durch ein liebliches Albtal mäandernd – in Zwiefaltendorf die Donau zu verstärken. Die beiden tief in den Jurakalk gegrabenen ›Fluss-Falten‹

DER HEILIGE BENEDIKT WEIST DEN WEG

haben der Klostergemeinde den Namen gegeben. Ihre überregionale Bedeutung verdankt sie der mehr als tausendjährigen benediktinischen Geschichte und einem der schönsten und mächtigsten Prachtbauten des süddeutschen Hochbarock. Die zwei Jahrhunderte nach der Säkularisation mit Umwidmung des prächtigen Klosterkomplexes zum Psychiatrischen Landeskrankenhaus konnten dem stolzen Sakralzentrum nichts anhaben; das Zwiefalter Münster war, ist und bleibt als kulturelles Zentrum und Pilgerstätte das südliche Gegengewicht zu Reutlingen und hält so den sich quer über die ganze Breite der Alb spannenden Landkreis im Lot. Dass die Stiftung des Klosters auf die Grafen von Achalm zurückgeht, die anno 1089 dem ersten Zwiefalter Abt die Gründungsurkunde übergaben, begründet die ›Reutlinger Präsenz mit oberschwäbischem Profil‹. Zwiefalten bietet Vielfältiges auf engstem Raum. Hier das Mekka andachtsvoller Volksfrömmigkeit unterm himmelhoch jauchzenden Barock eines Johann Michael Fischer, der seiner Nachwelt die schönsten Raumschöpfungen des süddeutschen Rokoko hinterlassen hat … Dort die derb-fröhliche Gemütlichkeit beim ›Zwiefalter Klosterbräu‹ … Hier der Musikgenuss beim Münsterkonzert und dort die Waldesstille

BRAUEREI MIT TROPFSTEINHÖHLE. Im Nachbarort Zwiefaltendorf reift im Felsenkeller das Blank'sche Rössle-Bier.

Tipp

auf den Wanderpfaden zum Naturschauspiel Wimsener Höhle, auf den Emerberg oder ins Dobeltal. Hier das schweißtreibende Kreativseminar beim Steineklopfen im Gauinger Marmor- und Kalktuff-Steinbruch und dort die ›Fitness-Kur‹ bei der Heuernte oder beim Kartoffelbuddeln der Albhoftour.

Der Reiz liegt im Kontrast. Droben die wasserarme Hochfläche der weiten Alb-Horizonte, durchbrochen vom urgeschichtlichen Erbe der Klifflinie des Jurameeres und den zur Ur-Donau führenden karstigen Trockentälern. Drunten die sanft-hügelige Flusslandschaft der Donau-Ebene vor dem langgezogenen Wellenkamm des Alb-Anstieges. Droben der bescheidene Lebensalltag, historisch geprägt von einer heute unvorstellbaren Härte des Tagewerks in einem oft lebensabweisenden Umfeld. Drunten das ›Himmelreich des Barock‹ mit seinen üppig ausladenden Sakralbauten und Schlössern, um die sich stolze Behäbigkeit sichtlich wohlgestellter Gehöfte und Häuserfassaden schart. Droben ringt die Landwirtschaft dem mageren Boden nicht gerade üppigen Erntesegen ab. Die Zeit scheint stehen geblieben. Drunten floriert seit dem Beginn des Industriezeitalters die Wirtschaft. Setzt mit Beton-Silos und Baumaschinenparks pulsierende Signale des technischen Fortschritts.

HÖHLENREICH AM WASSERARM

Dieses Wechselspiel der Gegensätze haben die Verantwortlichen des Alb-Donau-Kreises gekonnt gebündelt. Die Alb-Attribute ›steinreich‹ und ›wasserarm‹ wandelten sich in intelligenter Synthese zum von Donaubarock und Zementindustrie inspirierten Slogan ›Steinreich am Wasserarm‹. Und in dieser Wechselwirkung wird aus Steinäckern, Steinzeithöhlen und in Stein gefasstem Barock das touristische Erfolgsmodell. Der mit 1.367 Quadratkilometern und 190.000 Einwohnern siebtgrößte baden-württembergische Landkreis zählt zudem als gewichtiger Teil der Innovationsregion Ulm zur ›Spitze im Süden‹. Natur, Freizeit und Tourismus direkt vor der eigenen Haustür der dynamischen Doppelstadt Ulm/Neu-Ulm gewinnen an Bedeutung. Im westlichen Drittel des 1973 aus den beiden Landkreisen und früheren Oberamtsbezirken Ulm und Ehingen neu geschaffenen Kreisgebildes treten die aus den beschriebenen Gegensätzen erwachsenen Synergieeffekte besonders stark zutage.

Im ›Drei-Landkreise-Eck‹ verschmilzt die Donau in fast rechtwinkliger Kehrtwende nach Norden mit ihrem felsigen Pendant Alb. Ein kräftiger Hauch Oberschwaben gesellt sich dazu. Nicht nur den Störchen ist es ziemlich egal, ob sie ihr Nest ›drüben‹ auf dem Kirchturm von Zwiefaltendorf beziehen. Die Wiesen rund um Braunselquelle und Lautermündung, die Donauauen um Ober- und Untermarchtal sind allemal ein guter

Futterplatz. Bei den Menschen verhält sich das ganz ähnlich. In der beschaulichen Albdorfidylle hat man sein privates Zuhause, im umtriebigen Donauvorland verdient man seinen Lebensunterhalt. Und dieser wird im komfortablen Dienstleistungsumfeld von Ehingen und Ulm anschließend wieder in den regionalen Wirtschaftskreislauf eingebracht.

Beim Blick auf die prosperierenden Städte und Gemeinden ist ganz offensichtlich, wie gut dieser Wirtschaftskreislauf funktioniert. Auch wenn nicht alle von sich behaupten können, steinreich geworden zu sein; der Wohlstand in und um Ulm herum steht auf felsenfestem Fundament. Und davon versteht die allenthalben dominierende Zementindustrie schließlich eine Menge. Zwei Grundelemente, die Steine und das Wasser, liefern das Potenzial, das sich der Mensch seit Urzeiten nutzbar macht. Das Tal der Ur-Donau (heute Blautal) und die Karstlandschaft der Alb sind besonders reich an Zeugnissen dieser faszinierenden Symbiose von Mensch und Natur. Das äußerst wertvolle geologische, archäologische und kulturhistorische Erbe hat dem Alb-Donau-Kreis zusätzlich noch – neben der Anerkennung wesentlicher Flächen als Biosphärengebiet – das Gütesiegel des nationalen und europäischen Geoparks eingebracht. Dank vorbildlicher medialer Aufbereitung durch die Tourismus-Experten sind die aufschlussreichen Erkenntnisse darüber auch einer breiten Allgemeinheit leicht und gut zugänglich.

Ein steinzeitliches ›Tête-à-Tête‹ mit der ›Venus vom Hohle Fels‹ oder ein lyrisch-romantischer Plausch mit der ›Schönen Lau am Blautopf‹? Im Höhlenreich von Schelklingen und Blaubeuren, der ›Hauptstadt der Archäologie‹, weiß man vor lauter urgeschichtlichen Kostbarkeiten kaum, wo anfangen und wo aufhören. Ähnlich ergeht es dem Besucher in und um Rechtenstein, Lauterach und Obermarchtal, wo der Akzent auf den Anfängen der technischen Revolution liegt. In liebevoll restaurierten Technikmuseen erzählen Tuffsteinsäge, Kalkbrennofenmuseum, Steinbruch, Zementmühle von der Bedeutung des wertvoll-sten ›Bodenschatzes‹ Kalkstein. Die stolzen Zeugnisse der einstigen Schwerstarbeit sind immer in Sichtweite: Schlösser und Burgen grüßen von waldiger Höhe über den Tälern von Lauter und Schmiech, von Ach und Blau. Und die Kirchen und Klöster an der Donau komplettieren die prächtige Szenerie zu einem Festival des Barock.

RATHAUS RECHTENSTEIN /// BRAUNSELWEG 2 /// 89611 RECHTENSTEIN ///
0 73 75 / 2 44 /// WWW.RECHTENSTEIN.DE ///

Spurensuche. Als ob es die Donau mit Macht noch einmal zu ihrem Ur-Bett auf der Alb zurück zöge, schlägt sie zwischen Riedlingen und Obermarchtal einen überraschenden Bogen nach Norden. Dieser Richtungswechsel schuf ein besonders malerisches Ziel: Rechtenstein.

MALERISCHES FELSENNEST AN DER DONAU

Wie Schwalbennester kleben die Giebel des Ortskerns an den fast senkrecht zur Donau abfallenden Felsen, hoch oben gekrönt von einer der größten Burganlagen der Schwäbischen Alb, die von den Herren von Stein im 12. Jahrhundert erbaut wurde.

UNVERGESSLICH IST DER RUNDBLICK VOM BERGFRIED AUF DEN ALB-SÜDRAND UND DIE OBERSCHWÄBISCHE LANDSCHAFT.

Im mächtigen Felsfuß öffnet sich der Eingangsspalt zur Geisterhöhle. Das malerische Felsennest an der Donau ist ein vielversprechendes touristisches Entrée zum ›Abenteuer Alb-Donau‹; ein vortrefflicher Ausgangspunkt für spannende Exkursionen. Anschauliche Informationstafeln gewähren die schnelle und gute Übersicht. Kurze Wege, spannende Einblicke. Im westlichsten Winkel des Alb-Donau-Kreises gibt sich Vergangenheit ein besonders facettenreiches Stelldichein: Erdgeschichte im Schotter der Ur-Donau auf dem Emerberg, in den eiszeitlichen Sand- und Kiesgruben, den Bohnerzlagern und Sinterkalkhöhlen des Jurakarstes. Kulturgeschichte in Form von Ruinen, Burgtürmen und Schlössern und großartiger Sakralkunst der Klöster und Kirchen. Industriegeschichte mit zahlreichen liebevoll gepflegten Technikdenkmalen. Zwischen Rechtenstein, Lauterach, Ober- und Untermarchtal geht man besonders pfleglich um mit den letzten Zeugen der ersten industriellen Revolution. Museal aufbereitete Wasserkraftwerke, Holz- und Papierfabrikation, Zementherstellung und Tuffsteinbearbeitung erzählen von den Pionieren, die mit ihren Fabrik-

NATURSCHUTZGEBIET BRAUNSEL.
Direkt unter den senkrecht aufsteigenden Felswänden des Hochwart liegt am Donauufer zwischen Braunselmündung und -quelle eines der bedeutendsten Natur-Refugien für Sumpf- und Wasservögel in Baden-Württemberg.

Tipp

bauten in den engen Talgründen der Donau und der Großen Lauter den wirtschaftlichen Anschluss und damit die Grundlage eines bescheidenen Wohlstandes in die entlegene Albregion brachten.

GEMEINDE OBERMARCHTAL /// HAUPTSTRASSE 21 /// 89611 OBERMARCHTAL ///
0 73 75 / 2 05 /// WWW.OBERMARCHTAL.DE ///
KLOSTER OBERMARCHTAL /// KLOSTERANLAGE 2/1 /// 89611 OBERMARCHTAL ///
0 73 75 / 95 05 20 ///

Wenn die himmlischen Boten im Verein mit den Sängern und Musikern im Münster St. Peter und Paul das Lob Gottes anstimmen, dann wird eines der schönsten Sakralkunstwerke Süddeutschlands lebendig. Die weißen Rosen im Stuckrankenwerk blühen und die goldenen Altäre glühen im Licht der Abendsonne, die durch die klaren Fensterovale strahlt.

DIE SPRACHE DER ENGEL

Für die Besichtigung der einzigen noch komplett erhaltenen und in sich geschlossenen barocken Klosteranlage Oberschwabens muss man sich Zeit und Muße gönnen. Allein das Münster in seiner von den großen Baumeistern des Barock – Bagnato und Beer; Schmuzer und Thumb – geschaffenen künstlerischen Pracht stellt seine Ansprüche an Zeit und Aufmerksamkeit. Ebenso der

SOMMERLICHE MÜNSTERKONZERTE IN DER EINSTIGEN PRÄMONSTRATENSER-ABTEIKIRCHE OBERMARCHTAL SIND EIN HÖHENFLUG FÜR DIE SEELE.

Spiegelsaal, das einstige Refektorium der Prämonstratenser. Hier sieht man ihn förmlich vor sich, den ›schwäbischen Cicero‹ Sebastian Sailer († 1777), wie er mit einem Singspiel für die angehende Kaiserin Marie Antoinette und ihren Brautzug die höfische Gesellschaft auf ihrer beschwerlichen Reise von Wien nach Paris geistreich bei Laune hält. Dem literarischen Schaffen des wortgewaltigen Predigers, den man noch heute als Urvater der schwäbischen Dialektdichtung preist, ist im Marchtaler Museum breiter Raum gewidmet. Hier ist kein Mangel an ebenso geistreichem wie lokalpatriotischen Blickfang und das Messgewand aus dem Stoff des Hochzeitskleides von Marie Antoinette nur eine unter vielen sehenswerten Attraktionen. Die 1.300 Einwohner zählende Gemeinde Obermarchtal mit ihren fünf Ortsteilen weiß die historische Bedeutung ›ihres‹ Klosters zu schätzen, zu pflegen und zu nutzen. Und die rund 700 Eleven in Mädchen-Realschule, Studienkolleg und Lehrerfortbildungs-Akademie der Diözese Rottenburg-Stuttgart,

DIE SCHWÄBISCHE SCHÖPFUNG. Als ›ein kleines Wunderwerk deutscher Dichtung‹ gerühmt, gehört Sebastian Sailers Singspiel zum Repertoire im Theaterei-Zelt Herrlingen-Blaustein. www.theaterei.de

Tipp

die sich hier wohlfühlen, teilen sich gerne die weitläufigen Klosteranlagen mit den Besuchern, die – ob auf Donau-Radwanderweg oder Hauptwanderweg 5 des Schwäbischen Albvereins, per Omnibus oder im Auto – als Tagesgäste eines der attraktivsten Ziele im Alb-Donau-Kreis ansteuern.

BERGHOFSTÜBLE /// FAMILIE WIDMANN /// REUTLINGENDORFER STRASSE 5 /// 89611 OBERMARCHTAL /// 0 73 75 / 2 66 /// WWW.BERGHOFSTUEBLE.DE ///

Geschafft. Am Ziel der Tagesetappe auf dem Donauradwanderweg im ›Himmelreich des oberschwäbischen Barock‹ angelangt, wartet schon ein freudiges Empfangskomitee. Eine ganze Gänse-Kompanie schnattert lautstark ihren Willkommensgruß. Das endgültige Signal zum Absteigen. Aufatmen. Entspannen.

WAS LEIB UND SEELE ZUSAMMENHÄLT

›Utas Landküche‹ lebt von der Abwechslung. In der kälteren Jahreszeit noch angereichert durch das ›I-Tüpfelchen‹, das unter dem großen Nussbaum und zwischen den Pflaumen- und Apfelkronen so eifrig vom saftigen Wiesen- und Wildkräuter-Grün nascht. Die gefiederte Schar ist Teil einer erfolgreichen Existenzgründung, die auf den Prinzipien Qualität, Frische und Geschmack basiert. Damit nimmt die Küchenchefin Maß am Vorbild. Deutschlands Spitzenkoch Harald Wohlfahrt hat diese Grundpfeiler einer guten Küche unmissverständlich vorgegeben: ›Das allein Entscheidende für ein Geschmackserlebnis ist die Qualität des Grundproduktes‹. Die Stammgäste im Berghofstüble und tausende Radler, Wanderer und Reiter, die an der Oberschwäbischen Barockstraße nahe der keltischen Viereckschanze in ländlicher Idylle Station machen, profitieren von diesem durchgängig frischen Ausdruck der Natürlichkeit, die Leib und Seele zusammenhält. Die Widmanns vom Berghofstüble haben vor 15 Jahren die Verheißungen der Agrarpolitik über die mit dem Strukturwandel im ländlichen Raum verbundenen Chancen wörtlich genommen und ihr bis dato rein landwirtschaftlich orientiertes Leben völlig umgekrempelt. Aus dem Bauernhof wurde mittlerweile der anerkannte Hotelfach-Ausbildungsbetrieb; ein Landgasthof mit zehn Fremdenzimmern und gutbürgerlich auf regionale und landestypische Küche ausgerichteter Speisewirtschaft. Immer neue Ideen, ein innovatives Marketing, ein wacher Sinn für Bedarf und Anspruch der Gäste und nicht zuletzt der ausgeprägte Familiensinn bilden die Basis für den nicht immer einfachen Weg zum Erfolg.

PIONIERE DES TOURISMUS MIT EHRGEIZIGEN ZIELEN

Tipp

LAUTERACH. Mit Kalktuffsteinsäge und Kraftwerk Laufenmühle bietet die Gemeinde unweit der Mündung der Großen Lauter in die Donau interessante Technikdenkmale. Aus der Talschlucht erreicht man auf steilem Pfad Reichenstein. Die Rundsicht vom Burgfried und die Burg-Kapelle St. Katharina sind sehenswert. www.gemeinde-lauterach.de

Links liegen lassen geht nicht. Das Abbiegen von der schnellen Spur der B 311 unmittelbar nach Überquerung des malerischen Donauviaduktes muss einfach sein. Diesen ›Olymp der Kunst‹ muss man gesehen haben. Doch vor dem ›Barockgenuss Schloss Mochental‹ steht das ›Pflichtprogramm Kalkofen Untermarchtal‹.

STEINE SCHMELZEN BEI DEN KALKBRENNERN

Hier wird man in eine der ältesten und bis heute bedeutendsten Produktionstechniken der Menschheit eingeführt und geht dabei dem Phänomen Schwäbische Alb buchstäblich auf den Grund. Walztechniker Wolfgang Maier leistet an drei Sonntagen im Jahr ›Museumsdienst‹. Wie für die rund zwei Dutzend seiner Kameraden aus der Ortsgruppe des Schwäbischen Heimatbundes Untermarchtal auch, die sich die jeweils ganztägigen Sonn- und Feiertagsführungen in der restaurierten Kalkbrennerei aufteilen, ist das ›Ehrensache‹.

JURAKALK IST DER IDEALE BAUSTOFF.

1990 als Museum öffentlich in Betrieb genommen, gehört die kleine Fabrik zu einer höchst beachtenswerten Reihe von Technikdenkmalen, die – informativ und anschaulich – die Grundstoff-Industrien als Basis der industriellen Entwicklung im Alb-Donau-Kreis anhand der eigenen Geschichte belegen. Erst nach dem ersten Weltkrieg in Betrieb genommen und mit Beginn des zweiten bereits wieder stillgelegt, hält dieses kleine Kalkwerk in seiner musealen Renaissance ein vielfach schon vergessenes Kapitel Zeitgeschichte am Leben. Die komplette Restaurierung durch den Schwäbischen Heimatbund hat ein Zeitfenster in die frühe Gegenwart offen gehalten, das den Umbruch der Arbeitswelt durch technischen Fortschritt im vergangenen Jahrhundert dokumentiert. Noch die Generation unserer Großväter ›zementierte‹ in harter, Kräfte zehrender und aus heutiger Sicht gesundheitsgefährdender Arbeit die Basis des heutigen Wohlstandes. Keine zehn Kilometer Luftlinie entfernt vom konischen Klinkerschlot an der B 311 zeichnen die Allmendinger ›Wolkenkratzer‹ die Bedeutung der Baustoff-Industrie in den Himmel. Untermarchtal ist ein Lehrstück: Die Steinbrecher, -brenner und -müller brachten eine Industrie in Schwung, die bei nahezu unveränderter Technik, aber stark gesteigerter Kapazität in den Hochöfen und Silotürmen aus dem Kalkstein den Baustein mit Zukunft macht.

> **TECHNIKDENKMALE.** Zur handlichen Broschüre gebunden ist die schmuck aufbereitete ›Spurensuche der technischen Entwicklung‹ ein unerlässlicher Wegweiser zu aufschlussreichen Zielen. www.tourismus.alb-donau-kreis.de
>
> **Tipp**

›Moderne Kunst im barocken Schloss‹. Der griffigen Formel auf dem Hinweisschild an der Magistrale ins Abseits zu folgen, lohnt sich. Das zauberhafte Ambiente einer architektonischen Preziose thront über dem Talgrund. Schloss Mochental ist eine echte Rarität. Ein Ausflugsziel für die ganze Familie, das man bewundernd bestaunen und zugleich genussreich erleben kann.

LUST AUF KUNST IM GRÜNEN ABSEITS

Kunstwerke und Kehrbesen auf drei hochherrschaftlichen Etagen, kurios gepaart mit Kaffee und Kuchen auf der Schlossterrasse, machen das ›Erlebnis Mochental‹ einmalig. Ob Kunstsammler und Galerist Ewald Karl Schrade jemals seine 365 Schlossfenster selbst gezählt hat? Geschweige denn die ständig wechselnde Anzahl an Exponaten von Künstlern der Gegenwart und der klassischen Moderne? Hinter jedem Kunstwerk, das der Sammler seit 1985 im sanierten und großzügig zur Kunstgalerie umfunktionierten einstigen Sommersitz der Äbte von Zwiefalten präsentiert, steckt eine ganz persönliche Geschichte. Das stilvolle Ergebnis: Ein erfrischender Cocktail aus individueller Gestaltungskraft auf der Leinwand und großartiger Barockarchitektur des 18. Jahrhunderts. Nach ausgiebigem Rundgang kann man es im Schloss-Café nachklingen lassen und dabei mit Glück schon mal am persönlichen Gedankenaustausch zwischen Sammler und Künstler partizipieren. Die imposante Naturkulisse rundet alles zum beglückenden Ganzen. Das ›Erlebnis Mochental‹ wäre allerdings nicht komplett ohne eine Prise Hintersinn. ›Unterm Dach‹ macht die älteste Sammlung von Kehrbesen aus aller Welt einem schwäbischen Kultobjekt die Aufwartung. Die Mischung ist sehenswert. Barockschloss, Kunst-Olymp und Hexenzauber? Das ist ganz im Sinne des Schlossherrn, der die prickelnde Kombination gegensätzlicher Reize mit einem Augenzwinkern serviert.

SPANNENDER DIALOG IM FEUDALEN AMBIENTE: DIE AUSDRUCKSKRAFT MODERNER KUNST KONTRASTIERT MIT DER VERSPIELTEN ÄSTHETIK DES BAROCK.

Tipp

OBERSCHWÄBISCHEN BAROCK in seiner Hochblüte kann man auch in der nahe liegenden einstigen vorderösterreichischen Stadt Munderkingen bewundern. Der schlossähnliche Pfarrhof über der Donau – 1706 als Gästehaus des Klosters Obermarchtal erbaut – ist ein verkleinertes Spiegelbild von Schloss Mochental. www.munderkingen.de

Stadtbummel in der ›Bierkulturstadt‹. Der kurze Fußmarsch gehört zur Wohlfühl-Atmosphäre wie die Vorfreude auf eine entspannende kühle Halbe. In der größten Stadt des Alb-Donau-Kreises folgt man am besten dem ›Mainstream‹. Der führt durch schmale Altstadtgässchen direkt ins weitläufige, von hochherrschaftlichen Barockfassaden umkränzte Zentrum. Hier erliegt man schnell dem Charme der immer noch vorderösterreichisch geprägten Lebensart.

WIENER FLAIR TRIFFT WÜRTTEMBERGER FLEISS

Geschäftig und doch gelassen. Beschwingt und doch beflissen. Historienkulisse und doch Moderne. In Ehingen kann man dem Alltag selbst bei Regen sonnige Seiten entlocken. Die Wohlfühlstadt hat weit mehr aufzubieten als den Abglanz machtvoller Präsenz der großen oberschwäbischen Klöster und der in Prachtfassaden offensichtlichen Gunst der einstigen K. &

DIE ›EHINGER LEBENSART‹ IST EINE APARTE MISCHUNG AUS BAROCK- UND BRAUKULTUR.

K. – Monarchie. Schäumendes Gerstengold zum Beispiel in einem von immerhin noch fünf eigenständigen ›Tempeln der Braukunst‹ … Schmackhafte Gaumenfreuden von nobel bis urig im Gourmetrestaurant oder in der Bauernwirtschaft … Die Bratwurst am Marktstand, der genüssliche ›Braune mit Schlag‹ im Traditions-Kaffeehaus, der Latte Macchiato im Bistro … Ein Stadtrundgang inklusive Museumsbesuch und Kirchenführung lässt nicht im Zweifel über die bedeutende Vergangenheit der ehemaligen württembergischen Oberamtsstadt, einst Drehscheibe habsburgischer Herrschaftsgebiete zwischen Iller und Neckar und Sitz des Kantons Donau der schwäbischen Reichsritterschaft. Doch die Ehinger haben es auch geschickt verstanden, ihr traditionelles Erbe

> **EHINGER WELLNESS** hat über das ganze Jahr hinweg ›open house‹ mit Traditionsfasnet, Großem Zapfenstreich der Bürgerwache am Vorabend vor Fronleichnam, Musiksommer, Filmfestival, Kirbe, Jazztage, Weihnachtsmarkt und vielem anderen mehr.

Tipp

mit der Dienstleistungs-Kompetenz eines modernen und zukunftsorientierten Gemeinwesens zu verbinden. Und so markieren die Türme der drei bemerkenswerten Sakralbauten – Stadtpfarrkirche St. Blasius, Benediktinerkolleg mit Herz-Jesu-Kirche und Liebfrauenkirche – als Eckpfeiler und Orientierungspunkt ein Stadtprofil, dessen Außen- wie Innenansicht zum näheren Kennenlernen animiert.

RATHAUS ALLMENDINGEN /// HAUPTSTRASSE 16 /// 89604 ALLMENDINGEN ///
WWW.ALLMENDINGEN.DE ///

So mag es dereinst ausgesehen haben, das Jurameer. Wenn der Wind die Landschaft der Flächenalb im Spiel von Licht und Schatten bewegt, glaubt man sich auf hoher See. Das Licht verzaubert die Wiesen und Äcker in flache, langgezogene Wogen. Wie ›Inseln‹ heben sich ein paar Alb-Dörfer aus der bewegten Landschaft.

IM MEER DER STILLE

Inseln des Glaubens waren sie über Jahrhunderte hinweg tatsächlich: Grötzingen, Ennahofen, Weilersteußlingen, Ermelau … Die Lutherischen Berge. 70 protestantisch geprägte Quadratkilometer inmitten eines riesigen römisch-katholischen ›Ozeans‹. Seit der württembergische Herzog Ludwig von ihnen Besitz nahm und 1582 mit der Reformation evangelisch machte, hat sich nicht nur der Name sondern auch der eigene Charakter erhalten. Eine Aura von Unberührtheit und Freiheit, die sich dem Besucher am nachdrücklichsten mitteilt, wenn er selbst die Wanderstiefel schnürt, sich auf den Drahtesel schwingt oder sogar das Pferd sattelt. Die nahe liegende Wanderreitstation Dächingen bietet dafür den entsprechenden Service. Als eine von 18 Stationen im ›Wanderreitnetz Mittlere Alb zu Pferde‹, bietet sie Unterkunft für Pferd und Reiter vom Heulager bis zum Appartement im Landgasthof. Von hier aus lassen

FREIRAUM FÜR INDIVIDUALISTEN – ERHOLUNG FÜR GEIST UND KÖRPER IST PROGRAMM.

sich die Wege der Alb besonders intensiv auskosten. Ob der Dichter Viktor von Scheffel, als Schöpfer des getreuen Eckehardt ein vielgelesener Autor des 19. Jahrhunderts, zu Ross oder zu Fuß die Reize der Lutherischen Berge erkundet hat, ist urkundlich nicht verbrieft. Im ›Löwen‹ zu Talsteusslingen werden die Beweisstücke seiner wiederholten Anwesenheit im ›Scheffel-Zimmer‹ jedenfalls heute noch gezeigt. Auch ein besonderer Anziehungspunkt am Fuße der Lutherischen Berge. Wilde Talschluchten, historische Höhlen, Flussromantik gepaart mit Waldeinsamkeit. Und wie von selbst führt der Weg immer wieder hinauf. in die offene Weite.

SPAZIERGANG IN ALLMENDINGEN. Von herrschaftlicher Vergangenheit zeugen Wasserschloss, Altes Schloss, Schlosspark und die 500 Jahre alte Pfarrkirche. Besuchermagneten sind u.a. einer der größten Bücherflohmärkte Süddeutschlands, die ›Allmendinger Gesundheitstage‹, das ›Fest im Zentrum‹ oder der Weihnachtsmarkt.

Tipp

Geniale Ingenieurskunst und zähe Durchsetzungskraft begründen den bescheidenen Wohlstand auf der Alb. Die Wurzeln der ganz spezifischen Älbler-Mentalität zu ergründen, ist ebenso faszinierend wie das intensive Erlebnis in Landschaft und Natur. Beispiel Justingen.

EINE GESCHICHTE DES TECHNISCHEN FORTSCHRITTS

›Wo soll das hinreichen, wenn schon ein Kuhmaul den Regen einer ganzen Woche verschlucken kann und dann noch durstig nach mehr brüllt?‹ Das

WASSER AUF DIE ALB: DIE MÄCHTIGEN SCHAUFELN DES RIESIGEN WASSERRADES BEFÖRDERTEN DAS SCHMIECHWASSER INS PUMPWERK.

Wohl und Wehe der Älbler drehte sich seit Menschengedenken tagtäglich um ›dieses bisschen Wasser, das der Himmel schickt‹. Auf der Hochfläche vom porösen Jurakalk im Nu verschluckt, tritt es erst in den Quellen unterhalb des steil abfallenden Albtraufs wieder zutage. Nichts hat Landschaft und Menschen hierzulande nachhaltiger geprägt als der notorische Wassermangel. Und nirgendwo kommt die Verbesserung der Lebensumstände durch technischen Fortschritt prägnanter zum Vorschein als in der Geschichte der Albwasserversorgung. Technikdenkmale an den Donauzuflüssen Schmiech, Aach und Blau erzählen von den bahnbrechenden Veränderungen am Beginn des Industriezeitalters. Durch Druckrohre wurde das Wasser der Quellflüsse über 220 Höhenmeter zu den Dorfbrunnen gepumpt. ›Wir haben für die Zukunft etwas geschaffen, um das uns noch Kind und Kindeskinder segnen werden.‹ Schultheiß Anton Fischer, der vor 130 Jahren als erster der Albwasserversorgung in Justingen, Ingstetten und Hausen ob Ursprung den Weg bahnte, wusste genau, wovon er sprach. Hatte doch das von den Strohdächern in die Holz-Deicheln laufende und sich in wenigen Ortshülben sammelnde faulig abgestandene Regen- und Schmelzwasser immer wieder Krankheit und Tod bei Mensch und Vieh zur Folge. Erst die geniale ›Problemlösung‹ von Karl Ehmann, dem ersten Staatstechniker

DAS HISTORISCHE PUMPWERK TEURINGSHOFEN mit seinem kleinen Wassermuseum ist von Mai bis Oktober jeden ersten Sonntag im Monat nachmittags und nach Vereinbarung zu besichtigen. Dieter Schrade, Tel.: 01 77 / 3 73 50 10

Tipp

für das öffentliche Wasserversorgungswesen im Königreich Württemberg, bereitete der Wassernot ein Ende und half, die Armut der Landbevölkerung erfolgreich zu besiegen.

Ein Ort zum Träumen. Für eine besinnliche Meditation über Gott und die Welt kann man sich keinen geeigneteren Platz vorstellen. Wäre da nicht das ohrenbetäubende Geschnatter zweier Gänse, die aus dem grüngoldenen ›Vorhang‹ einer uralten Weidenkrone über den kobaltblauen Quellgrund heraus lautstark gegen die menschliche Störung protestieren.

KRAFTQUELL MIT SPIRITUELLER AURA

Fünf Quellen speisen das Karstquellbecken, das sich über ein Mühlrad in das Albflüsschen Urspring ergießt. Die romantische Naturkulisse ist atmosphärischer Mittelpunkt des einstigen benediktinischen Frauenklosters, in dem nach bewegter Geschichte seit 80 Jahren das ›Evangelische Landerziehungsheim Urspringschule‹ eine private Internatsschule mit reformpädagogischer Ausrichtung betreibt. 270 Mädchen und Jungen aus den In- und Ausland, darunter 130 Externe aus der

HARMONISCHE SYMBIOSE VON SAKRALER VERGANGENHEIT, PROFANER ZWECKMÄSSIGKEIT UND GROSSARTIGER NATUR.

Region, werden in Grundschule, Gymnasium und Lehrwerkstätten nach ganzheitlichem Erziehungsprinzip auf das Berufsleben vorbereitet nach dem Motto: ›Lernen mit Kopf, Herz und Hand‹. Die Urspringschule ermöglicht mit dem Weg zum Abitur gleichzeitig die Vollausbildung im Schreiner- und Schneiderhandwerk, Feinwerkmechaniker mit Schwerpunkt Maschinenbau und Verfahrenstechniker für Kunststoff- und Kautschuktechnik. Als ausgewiesener Stützpunkt des Deutschen Basketball Bundes hat sie sich mit über 30 Jugendnationalspielern einen Namen gemacht und genießt in ihrer engen Verzahnung von Schule und Sport Vorbildfunktion. Dass die erstaunlichen Erfolge des ganzheitlichen Bildungskonzeptes auch auf die glücklichen Rahmenbedingungen einer stress- und lärmfreien

WANDERN IM TALGRUND DER UR-DONAU: Der ›Schmiechener See‹, als hochrangiges Feuchtgebiet in die internationale ›natura 2000‹-Liste aufgenommen, das Dorfmuseum Hütten und die Schmiechquelle in Sondernach bieten ebenso wie die Spaziergänge um Schlossberg und die Quellgründe von Aach und Urspring Naturerlebnis pur.

Tipp

Umgebung zurückzuführen sind, wissen Pädagogen und Mentoren, vor allem aber auch die Eltern sehr zu schätzen. Urspring ist ein Ort mit spiritueller Aura, den man unbedingt einmal gesehen haben sollte und erfreulicherweise auch kann.

DIE VENUS
VOM HOHLE FELS SCHELKLINGEN
GRÜSST IHRE GÄSTE!

Das Original im Urgeschichtlichen Museum Blaubeuren
27. März 2010 - 30. Januar 2011

Hohle Fels Schelklingen
Geöffnet 1. Mai - 31. Oktober
14 Uhr - 17 Uhr bei schönem W...

RATHAUS SCHELKLINGEN /// STADT SCHELKLINGEN /// MARKTSTRASSE 15 ///
89601 SCHELKLINGEN /// WWW.SCHELKLINGEN.DE ///

Die Venus von Schelklingen hat mit ihren elfenbeinernen Attributen der Weiblichkeit den Schönen der Welt schon mehrfach die Schau gestohlen. Auf dem steinzeitlichen ›Catwalk‹ zwischen Schelklingen und Blaubeuren jedenfalls ist sie der absolute Star. ›In natura‹ im Glaskasten des Urgeschichtlichen Museums Blaubeuren mindestens ebenso wie an ihrem Fundort Hohle Fels in Schelklingen.

DIE WIEGE DER MENSCHHEIT AN DER URDONAU

Hochbetrieb an der Grabungsstätte. Naturforscher aus aller Welt stoßen das Fenster in die Vorzeit immer weiter auf. In der Großraum-Höhle ›Hohle Fels‹ ist man mittlerweile bei 40.000 bis 80.000 Jahren vor unserer Zeitrechnung angelangt. Und hat dabei so en passant herausgefunden, dass die ›Wiege der Venus‹ am Urstromtal der Donau eine Wiege der Kunst und der Musik ist.

DIE WELTWEIT ERGIEBIGSTE GRABUNGSHÖHLE LÄSST AUF WEITERE ÜBERRASCHUNGEN HOFFEN.

Denn die Fundorte, von Brillenhöhle über Geißenklösterle bis Sirgenstein, eine ganze Kette vorzeitlicher Siedlungsstätten, haben nicht nur dieses Glanzstück sondern auch weitere weltweit rekordverdächtige Beweisstücke menschlichen Kulturschaffens freigegeben. Der elegante Wasservogel aus Mammut-Elfenbein zählt dazu. Und die Flöte aus einem Schwanenflügelknochen, deren silberfeine Töne dank Archäotechnik im Nachbau sogar zu hören sind. Für Reiner Blumentritt, den Hobby-Archäologen, dessen leidenschaftliche Hingabe ans Schürfen und Sichten in den heimatlichen Höhlen maßgebend zu den spektakulären Forschungserfolgen beigetragen hat, sind die Funde zugleich das krönende Ergebnis einer ganz persönlichen Erfolgsgeschichte. Das ›Höhlen-Virus‹ hat den einstigen Assistenten des Tübinger Archäologen-Teams um Prof. Gustav Rieck sein Leben lang begleitet und sein ganzes Umfeld ›infiziert‹. Mit einer respektablen Gefolgschaft ehrenamtlicher Höhlenforscher und -führer sorgt der Gründer und Leiter der Schelklinger Museumsgesellschaft seit Jahrzehnten für Begeisterung am menschlichen Leben und Wirken in grauer Vorzeit.

> **Tipp**
>
> **HOHLE FELS** Die Höhle ist vom 1. Mai bis 30. Oktober bei gutem Wetter sonntags geöffnet. Werktags vermittelt die Museumsgesellschaft Schelklingen Führungen. – Das Stadtmuseum im ›Alten Spital‹ ist sonn- und feiertags geöffnet.
> Tel.: 0 73 94 / 16 40
> www.museum-schelklingen.de

Der Lockruf der ›schönen Lau‹ hat Blaubeuren zum touristischen Mekka der Schwäbischen Alb gemacht. An Deutschlands berühmtester Karstquelle muss man gewesen sein. Die Wunderwelt der steinernen Kalkpaläste im Blauhöhlensystem ist zwar nur Tauchspezialisten vorbehalten. Doch allein der Blick in den blaugrün schillernden Quelltopf, aus dessen Tiefen unerschöpfliche Wassermengen dringen, beflügelt die Fantasie.

IM MÄRCHENREICH DER ›SCHÖNEN LAU‹

Der schwäbische Dichterpfarrer Eduard Mörike hat dem Blautopf mit dem Märchen von der schönen Lau zu zeitlosem Ruhm verholfen. Und die spektakulären Tauchexpeditionen des Höhlentauchers Jochen Hasenmayer und seiner Mitstreiter ergänzten die Vermutungen einer sagenhaften Unterwelt auf wundersame Weise. Seit die ersten Höhlentaucher 1957 systematisch in 21 Metern Tiefe den Quelltopf ergründeten und durch den Eingang der Blautopfhöhle in das Höhlensystem eindringen

EIN WUNDER DER NATUR, DAS DIE GEOWISSENSCHAFTLER MIT DEM ETIKETT ›NATIONALES BIOTOP‹ GEADELT HABEN.

konnten, wurde die Großartigkeit dieser Unterwelt im Detail erschlossen. Meter für Meter kämpften sich die Experten durch Wasseradern und Kalkgestein. Versahen ihre großartigen Entdeckungen mit so romantischen Begriffen wie Mörike- oder Äonendom, Wolkenschloss, Apokalypse, Halle des verlorenen Flusses oder Stairway to Heaven. Das ›Märchenreich der Lau‹ wurde so naturwissenschaftliche Realität. Als im Jahr 2002 in Grabenstetten sogar der Zugang ›auf dem Landweg‹ in die strahlendweiße Säulenpracht der Vetterhöhle und vier Jahre später in die riesigen Hohlräume der ›Walhalla‹ frei wurden, war die unterirdische Verbindung zur Blauhöhle geschaffen. Heute weiß man, dass sich das Blauhöhlensystem über mehrere Kilometer von Blaubeuren bis nach Laichingen zieht. Planungen, die einzigartige Unterwelt wenigstens teilweise der Öffentlichkeit zugänglich zu machen, lassen auf

HÖHLENWELTEN. In Blaubeuren kann man sie poetisch erleben, wandernd ergründen und wissenschaftlich fundiert erschließen. Am besten und nachhaltigsten im Urgeschichtlichen Museum mit Galerie 40 000 Jahre Kunst. Tel.: 0 73 44 / 9 28 60; www.urmu.de

Tipp

weitere spektakuläre touristische Glanzpunkte in der geologisch so reichhaltig gefüllten Schatzkiste des Alb-Donau-Raumes hoffen. Dem Mysterium Blautopf kann geologische Erkundung freilich nichts anhaben – sein Geheimnis verbleibt auf ewig in blauer Tiefe.

Umgeben von steilen Hangschluchtwäldern, aus denen leuchtende Kalksäulen wie Orgelpfeifen und ausgehöhlte Karstblöcke wie Felsaltäre ragen, ruht eines der schönsten und historisch bemerkenswertesten Landstädtchen Württembergs wie in einem naturgegebenen Nest.

GENIESSEN UND WIEDERKOMMEN

Blaubeurens Naturwunder sind das prächtigste aber längst nicht das einzige Guthaben, mit dem sich die Stadt vom touristisch attraktiven Zielort im Alb-Donau-Kreis bis in die Hit-Liste der 25 beliebtesten Reiseziele Baden-Württembergs vorgeschoben hat. Es sind vor allem ›Wiederholungstäter‹,

DIE SEHENSWÜRDIGKEITEN DER BLAUTOPFSTADT SIND MEHR ALS NUR EINE (TAGES)REISE WERT.

wie sie der Tourismus-Verantwortliche im Rathaus schmunzelnd bezeichnet, die den Tagesausflugsbetrieb zu einem gewichtigen Wirtschaftsfaktor gemacht haben. Nämlich bis zu einer halben Million Besucher jährlich, die auf den Spuren des Dichters Eduard Mörike rund um den Blautopf pilgern und von denen sich die wenigsten den Besuch im urgeschichtlichen Museum oder die Klosterführung entgehen lassen. Ein vielfältiges gastronomisches Repertoire und eine malerisch herausgeputzte Altstadt, durch die das ›Blautopfbähnle‹ seine Gäste transportiert, beleben das Interesse zusätzlich. Blaubeurens Glanzpunkte beanspruchen Zeit zum Schauen und Muße zum Staunen. Der Hochaltar aus den Werkstätten der Ulmer Schule ist eines der bedeutendsten Kunstwerke der deutschen Spätgotik. Das Chorgestühl in der mächtigen Klosterkirche, das steinerne Netzwerk der Kreuzgänge und Kapellen, der Heilkräutergarten mit dem Klosterbrunnen und die mönchische Badstube mit dem Heimatmuseum verdienen Aufmerksamkeit. Und so reizvolle Marginalien der Geschichte wie das Schubart-Stübchen, in dem der bekannte Freiheitsdichter gefangen saß oder das Amtsgericht, in dem einst der ›schwäbische Salomo‹, Oberamtsrichter Wilhelm Dodel, seine in der württembergischen Justizgeschichte

KLOSTERKONZERT IM DORMENT? Die Internationalen Klosterkonzerte Blaubeuren sind ein kulturelles Forum für die ganze Region. www.klosterkonzerte-blaubeuren.de

Tipp

anekdotisch verankerten ›einmalig originellen Urteile‹ fällte, sind echte ›Hingucker‹. Wiederkommen ist angesagt. Dafür sorgt schon das vielseitige Programm an Führungen und Exkursionen durch Kultur und Natur.

GASTHAUS ›ZUM LAMM‹ /// FAMILIE MATTHEIS /// DORFSTRASSE 56 ///
89143 BLAUBEUREN-ASCH /// 0 73 44 / 64 19 /// WWW.FEWO-LAMM.DE ///

Schwäbische Gemütlichkeit ist in Zeiten internationaler Gastrokultur selbst unterm uralten Wirtschaftsschild keine Selbstverständlichkeit mehr. Doch bei Familie Mattheis in Asch kocht und serviert man Gutbürgerliches nach Landesbrauch. Das gastronomische Qualitätslabel ›Schmeck den Süden‹ zeigt sich im ›Gasthaus zum Lamm‹ von seiner besten Seite.

HIER SCHMECKT DER SÜDEN
NACH HEIMAT UND NATUR

Von außen sieht man dem stattlichen Anwesen an der Hauptstraße die traditionsreiche Vergangenheit nicht an. Doch Edith und Hans Mattheis sehen in der fünfhundertjährigen Tradition einer Herbergs-Station an der einstigen Reichsstraße Straßburg-Ulm die eindeutige Verpflichtung. Die Gastwirtsfamilie bewahrt das historische Erbe bereits in sechster Generation. Aus Brauerei und Wirtschaft haben die Wirtsleute ein renommiertes Speiselokal geschaffen, dessen Ruf weit in die Region hinusstrahlt. Die

KENNENLERNEN, WAS MAN UNTER ›SCHWÄBISCHER GEMÜTLICHKEIT‹ VERSTEHT.

Küchenchefin – mittlerweile unterstützt von ihrer Schwiegertochter und Sohn, die beide als Küchenmeister ihre Erfahrungen aus guten Häusern in den Betrieb einbringen – ist bekannt für ihre schwäbischen Schmankerl. Grundsolide muss es sein, frisch und auch ein bisschen deftig. Die ausgezeichnete Wildküche findet ebenso ihre Verehrer wie der Bierbraten und die Maultaschen, die Kässpätzle und die Brätknödel. Und der Kartoffelsalat ist – wie der würzige Wurstsalat auch – ›eine Wucht‹. Wenn man das ›Lamm‹ in der Bärlauchzeit aufsucht, möchte man sich am liebsten durch die ganze Speisekarte essen. Das Gleiche gilt für Spargel und Schwammerl, Forelle und Zander. Das durchgängige Motto: ›Ursprünglich, aromatisch und frisch‹. Davon profitiert auch eine zunehmende Touristenschar, die – von der zentralen Lage und den ausgezeichneten Erholungs- und Ausflugsmöglichkeiten der Blaubeurer Alb angelockt – in den acht Ferienwohnungen des Hauses beste Urlaubsbedingungen antreffen.

Tipp

DIE ORTSKIRCHE ›UNSERER LIEBEN FRAU‹ im Nachbarort Wippingen ist eines der ältesten Sakralbauwerke auf der Blaubeurer Alb. Fresken aus dem 15. Jahrhundert und das Glanzstück des um 1500 geschaffenen Hochaltars, der vermutlich aus dem Ulmer Münster stammt, sind großartige Zeugnisse der frühen Ulmer Schule. Tel.: 07304 / 2379

Faszinierendes Farbenspiel einer Parklandschaft im Wechsel der Jahreszeiten. Die innere Uhr signalisiert Freizeit. Nach betriebsamem Tagwerk in den Zentren der Arbeit pflegen die Pendler Haus und Garten in ihren schmucken Wohngebieten.

›NATOUREN‹ AN HÜLEN UND OBSTWIESEN

›Natouren‹ ist angesagt. Und zwar in alle Himmelsrichtungen. Nordwärts lockt die Wanderung ins Naturschutzgebiet Kuhberg. Ostwärts geht es auf eine Spritztour ins Tal der kleinen Lauter. Südwärts empfiehlt sich der geruhsame Spaziergang von Wippingen am Blau-Trauf entlang durch den herrlichen Hochwald nach Sonderbuch und Blaubeuren. Die Wan-

DIE ›BLAUBEURER ALB‹ IST DAS HERZ-STÜCK DES ALB-DONAU-KREISES.

derung kann dann westwärts über Seißen beliebig bis auf die Münsinger oder die Laichinger Alb verlängert werden. Inmitten dieser ›Freizeitoase‹ von Asch aus einen Abstecher nach Berghülen zu planen, lohnt sich nicht allein wegen der von der BUND-Ortsgruppe liebevoll bepflanzten und gepflegten Streuobstwiese. Unmittelbar an der Oberweiler Hüle gelegenbezeugen dort 30 Bäume mit 26 unterschiedlichen Apfel- und Birnensorten eine erstaunliche Artenvielfalt im Obstanbau. Die Schwäbische Alb als traditionelle Anbaufläche für Tafel- und Nutzobst erweist sich in diesem überschaubar angelegten Obstgarten als kleines Paradies. Der Berghüler Hülenpfad –
auf zwei Routen per Rad oder zu Fuß zu erkunden – führt zurück in eine Zeit, als die Hülen in und außerhalb der Dörfer die Lebensgrundlage der Albbewohner sicherten. Hier sammelte sich in wenigen aufgrund ihrer Bodenbeschaffenheit wasserundurchlässigen Senken das Oberflächenwasser, das sonst im Albkarst versickert und erst in den Quellen der Albtäler wieder zutage tritt. Von ehemals 80 Hülen

PRÄDIKAT ›GEOPARK‹: In der Broschüre ›Wandertouren‹ sind 26 Touren mit Karten und ausführlicher Beschreibung der jeweiligen Wegstrecken und geologischer wie kulturhistorischer Sehenswürdigkeiten zusammengefasst.
www.tourismus.alb-donau-kreis.de

Tipp

der Blaubeurer und Laichinger Alb, die bis Ende des 19. Jahrhunderts als Vichtränke, zur Schafwäsche und als Wasch- und Löschwasser genutzt wurden, blieben nur 21 erhalten. Heute als wertvolle Biotope geschützt, sind sie ein einzigartiger Lebensraum für Tiere und Pflanzen.

Laichingen einfach links liegen lassen? Das kann passieren. A8 und B10 führen auf schneller Spur vorbei. Und die Nah-Trassen – ob B28 oder B465 – können für Nichtortskundige in einer kleinen Odyssee enden. Doch das kann die Spannung auf das Einmalige nur steigern.

ABSTIEG INS ›RÖNTGENBILD DER ALB‹

Ein Ort mit Tiefgang. Die einzig begehbare Schachthöhle Deutschlands ist zu einem knappen Drittel ihrer Gesamtlänge und -tiefe zu ergründen. Sie führt – gut gesichert und dank der vorher ausgehändigten Gamaschen auch gefahrlos zu meistern – über Treppen und Galerien ins Erdinnere. 330 begehbare von insgesamt 1 253 Höhlenmetern erschließen den geologischen

DIE LAICHINGER TIEFENHÖHLE IST EINE ›VERTIKALE ERDGESCHICHTLICHEN WISSENS‹.

Aufbau der Mittleren Alb und machen den über fünf Millionen Jahre andauernden Verkarstungsprozess an einem in der Jurazeit versteinerten Riff im wahrsten Sinne des Wortes ›begreifbar‹. Von der Fachwelt als ›Röntgenbild der Alb‹ bezeichnet, ist die tiefste begehbare Schauhöhle Deutschlands ein besonderes Highlight des GeoParks Schwäbische Alb und als Informationszentrum zum Thema ›Karstlandschaft und Höhle‹ einmalig. Dem etwa 45minütigen Höhlengang eine ausgiebige ›Lektion Jurageschichte‹ in all ihren Facetten vorangehen zu lassen, empfiehlt sich in jedem Fall. Das pädagogisch hervorragend ausgestaltete Höhlenmuseum wartet mit informativer Kunde über die ›Chemie der Alb‹, über Pflanze, Tier und Mensch und über die Geschichte der Tiefenhöhlen-Erkundung auf. Der elf Kilometer lange karstkundliche Wanderrundweg ergänzt die Höhlen-Exkursion zum ›Kompaktkurs Karst‹. Trockentäler, Erdfälle, Hülen, Dolinen und ein ›hoher Stein‹ mit einer

LAICHINGER SPEZIALITÄTEN Das Weber- und Heimatmuseum im ›Heiligenhaus‹ führt zu den Wurzeln der württembergischen Leinenweberei, deren wichtigstes Zentrum Laichingen war. Kletterwald, Ponyhof und Campingplatz Heidehof ergänzen das Touristik-Konzept familiengerecht. www.laichingen.de

Tipp

Riesengrundfläche von 260 Quadratmetern machen die vielschichtigen Vorgänge im Erdinneren von außen sichtbar. Das geologische ›Phänomen Schwäbische Alb‹ gibt sich hier auch an der Oberfläche eindrucksvoll zu erkennen.

MUSEUM FÜR BROTKULTUR /// **SALZSTADELGASSE 10** /// **89073 ULM** ///
07 31 / 6 99 55 /// **WWW.MUSEUM-BROTKULTUR.DE** ///

›Viel Steine gab's und wenig Brot‹. Dieses ›Alb-Image‹ hat ausgedient. Auf den Steinäckern der Alb haben Dinkel, Emmer, Einkorn und Co wieder eine Zukunft. Die die auf so manch spannender Alb-Exkusion gewonnene Einsicht rückt im ›Museum für Brotkultur‹ ganz unerwartet ins Rampenlicht. Denn das weltweit älteste Themenmuseum – im Reiseprogramm Alb eine besonders empfehlenswerte Adresse – widmet sich dem Stellenwert des Nahrungsmittels Brot in der Kulturgeschichte der Menschheit.

UNSER TÄGLICHES BROT ALS KULTURGUT

Brot ist als Grundlage menschlicher Existenz, Kultur und Zivilisation unentbehrlich. Und doch überrascht beim Rundgang durch den mächtigen ›Ulmer Salzstadel‹ allein die Fülle und Vielschichtigkeit der ›Variationen zum Thema‹: Rund 16 000 Exponate aus mehr als 30 Sammlungsgebieten führen in über 6000 Jahre der Entwicklung des Getreideanbaus und der Backtechnik ein. Besonders eindrucksvoll zeigt das Museum den

DIE BEDEUTUNG DES NAHRUNGS-MITTELS BROT AUS KULTUR-, SOZIAL- UND TECHNIKGESCHICHTLICHEM BLICKWINKEL IN EINEM MUSEUM DER SONDERKLASSE.

Dauerbrenner Welternährung: Die intensive Wechselbeziehung von Hunger, Armut und Gewalt wird dem Besucher eindringlich nahe gebracht. Das ›tägliche Brot‹ – ob auf den Mahlsteinen der Vorzeit oder in der ›Dritten Welt‹ zubereitet; ob als Manna vom Himmel geschickt oder von Dreschkolonnen auf riesigen Weizenfeldern abgeerntet; ob als Magerkost aus Bucheckern oder zur Brezel veredelt – ist mehr als nur ein Nahrungsmittel. Brot ist Leben. Im ›Museum der Brotkultur‹ bezeugen das mit Breughel, Barlach und Beuys, Dalí, Kollwitz und Picasso Künstler von Weltrang mit kostbaren Raritäten. Ein Team pädagogisch versierter Führer bietet zahlreiche thematische Veranstaltungen für Alt und Jung,

Tipp

MIT DER ULMCARD lassen sich die Ulmer Highlights finanziell vorteilhaft genießen. Die Karte ist ein ideales Angebot an Ausflügler. Sie umfasst eine breite Palette von Vergünstigungen, z.B. Nachlässe beim Eintritt in Museen, eine kostenlose Stadtführung und weitere kleine Aufmerksamkeiten. www.tourismus.ulm.de

zum Beispiel ›Osterhasen-‹ oder ›Springerle-Backen‹. Der Weg durch die Brotkultur wird zum unverzichtbaren Exkursionsziel in der Reihe der Ulmer Superlative.

TOURIST-INFORMATION DER STADT ULM/NEU-ULM ///
MÜNSTERPLATZ 50 (STADTHAUS) /// 07 31 / 16 61 28 30 ///
WWW.TOURISMUS.ULM.DE ///